स्पीशीज वाला

कहानी चार्ल्स डार्विन की

स्पीशीज वाला

कहानी चार्ल्स डार्विन की

प्रवीण कुमार झा

स्पीशीज वाला-कहानी चार्ल्स डार्विन की

© प्रवीण कुमार झा

पहला संस्करण : दिसंबर 2024

प्रकाशक

Bonzuri Project

Cover: Zwantum

Species waala-Kahaani Charles Darwin kee

A semi-biographical novel by Praveen Kumar Jha

अनुक्रम

भूमिका

"क्या हम सब आपको बंदर के वंशज नज़र आते हैं?"

सैमुअल विल्बरफोर्स, एक पादरी,
30 जून 1860 को ऑक्सफोर्ड विश्वविद्यालय में

इस वर्ष लंबी यात्राओं में पहली यात्रा अमरीका के फ़्लोरिडा की रही। अटलांटिक सागर में मगरमच्छ की तरह सर निकाले अमरीका के दक्षिण में एक भूखंड। यहाँ एक दलदली जंगली इलाक़ा है, जहाँ वाकई मगरमच्छ ही मगरमच्छ हैं। बाक़ायदा सड़क पर चेतावनी लिखी है कि पेट्रोल वग़ैरा पहले भरवा लें, आगे मीलों तक कुछ नहीं मिलने वाला। जंगल की सीमा पर कंटीले बाड़ और 'मगरमच्छ से सावधान' जैसी सूचना देख कर लगता है कि न जाने कब कहाँ से ये जीव निकल आएँ।

इन मगरमच्छों को देख कर एक अजीब कौतूहल होता है। ये उभयचर लगते हैं, जल और थल दोनों में विचरते हैं, लेकिन जीवविज्ञान इन्हें उभयचर[1] नहीं मानता। इनके अंदर फेफड़ा होता है, गलफड़ा[2] नहीं। अपनी भारी-भरकम काया और चाल-ढाल से ये स्तनधारी[3] लगते हैं, मगर वहाँ भी इनकी पूछ नहीं। आखिर यह अंडे देते हैं। चिड़ियों की तरह ठोस शैल वाले अंडे। लेकिन इस आधार पर इनकी गिनती चिड़ियों में नहीं हो सकती। इनको छिपकली, साँप या कछुए की तरह एक सरीसृप[4] माना जाता है।

---

1   Amphibians

2   Gills

3   Mammals

4   Reptiles

क्या यह मुमकिन है कि ये मगरमच्छ किसी अन्य जीव में क्रमिक बदलाव से बने हों? लाखों वर्षों तक खुद को बदलते हुए दलदल में रेंगने की क्षमता विकसित की हो?

यह सवाल फ़्लोरिडा में खड़े होकर पूछना अब आसान है, मगर कुछ दशक पूर्व यह सवाल सियासी हो सकता था। दुनिया में कई लोग यह नहीं मानते कि ऐसा कोई भी बदलाव संभव है। मैंने फ़्लोरिडा में लोकप्रिय नेता रॉन डीसैंटिस की मुस्कुराती तस्वीर देखी, जो वहाँ राज्यपाल (गवर्नर) हैं। लोग आशंका जताते रहे हैं कि उनके आने के बाद विद्यालयों का पाठ्यक्रम बदल सकता है। अमरीका के दक्षिणी राज्यों में यह पुराना विवाद रहा है कि बच्चों को आखिर क्या पढ़ाया जाए। क्या उन्हें यह सिखाया जाए कि दुनिया की ये तमाम प्रजातियाँ किसी शक्ति की सुंदर कृति है, या यह कि हर प्रजाति एक-दूसरे से जुड़ी है? ठीक एक सदी पूर्व जॉन स्कोप्स नामक एक अध्यापक ने जब बच्चों को यह ज्ञान दिया कि मानवों के पूर्वज मानव नहीं थे, तो उन पर मुक़दमा हो गया। दशकों तक ऐसे सिद्धांत को विद्यालयों में पढ़ाने से मनाही रही।

इसी सिलसिले में मुझे एक सहायक किताब दिखी-'पांडा और मनुष्य'[1]। इसे नब्बे के दशक में अमरीका के विद्यालयों में बाँटने के मुहिम चले। इसमें बच्चों को 'प्रबुद्ध सृजन'[2] के विषय में समझाया गया था। घुमा-फिरा कर यह कहा गया था कि तमाम जीवों में अगर कोई समानता दिखती है, तो इसका कारण यह नहीं कि उनके पूर्वज समान हैं। बल्कि इनका सृजन किसी (ईश्वरीय) शक्ति ने किया और इन्हें इनकी प्रकृति के हिसाब से काया दी। यह पुस्तक शिक्षाविदों द्वारा छद्म-वैज्ञानिक और निराधार कही गयी। पाठ्यक्रम में सम्मिलित नहीं हुई।

फ़्लोरिडा से लौट कर मैं अगली यात्रा पर अटलांटिक सागर के दूसरे छोर पहुँचा-लंदन।

वहाँ के प्राकृतिक इतिहास संग्रहालय में उस ग्रंथ की पहली प्रति थी, जो इस विवाद के मूल में थी। नस्लों के क्रमिक विकास की धारणा रखती यह पुस्तक

---

1   Of Pandas and People

2   Intelligent Design

        स्पीशीज वाला

1859 में छप कर आयी थी। वहीं साथ ही कुछ अन्य संग्रह भी थे, जो लेखक ने अपनी जवानी में जमा किए थे। हमारे आस-पास की साधारण चीजें। जैसे-समंदर किनारे से बीछे गए शैल-शंख। कुछ चिड़िया। किसी जीव की खोपड़ी। वहीं एक विचित्र जीव की छवि भी थी। नाम लिखा था प्लेटीपस।

इस जीव की काया को जब पहली बार इंग्लैंड लाया गया था, तो लोगों ने कहा कि ऐसा जीव नामुमकिन है। किसी बड़े छुछूंदर के मुँह पर बत्तख की चोंच लगा दी गयी है। भला कोई स्तनधारी जीव अंडा कैसे दे सकता है?

एक विद्यार्थी जो ईश्वर द्वारा दुनिया की सृष्टि पर विश्वास करता था, और पादरी बनने की शिक्षा ले चुका था, ने जब इस जीव प्लैटिपस को अपनी आँखों से देखा तो अपनी दैनन्दिनी में लिखा-

"ऐसा लगता है कि यह कृति दो भिन्न सृजकों की बनायी है"

तारीख डाली 18 जनवरी 1836।

वहीं कुछ पन्ने बाद एक रेखा-चित्र बनाया। अपनी सोच दर्ज की-

"अगर एक शाखा A होगी, तो दूसरी B…"

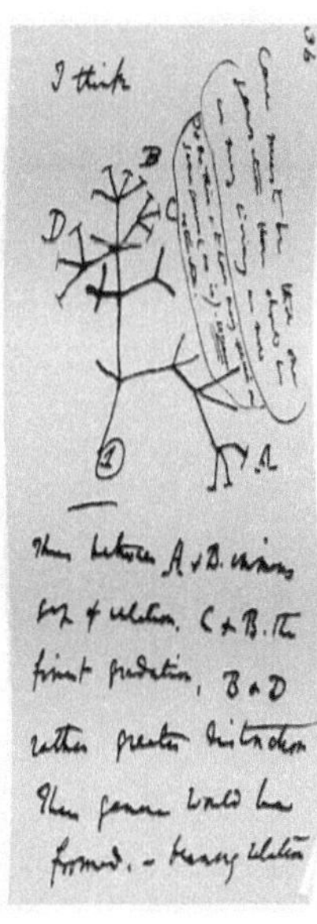

अभी इस कच्ची सोच को पकने में वक्त था। लेकिन यह लगभग तय हो रहा था कि चार्ल्स रॉबर्ट डार्विन के लिए इंग्लैंड लौट कर पादरी बनना मुश्किल ही नहीं, नामुमकिन होगा।

क्यूँकि बाइबिल में लिखा है

श्रूज़बरी!

यह नाम सुनते ही मुझे पुणे की कयानी बेकरी याद आती है। वहाँ सुबह के साढ़े चार बजे भीड़ जमा हो जाती कि ताज़ा सेंकी हुई स्वादिष्ट बिस्कुट की एक अदना थैली मिल जाए। वह नानखटाई, मक्खन, बादाम, नारियल, अदरक आदि को समेटे ख़स्ता गोल-गोल बिस्कुट चाय में डुबो कर खाने का अलग ही आनंद था। कहते हैं इस बिस्कुट का नामकरण पश्चिमी इंग्लैंड की एक देहाती काउंटी Shrewsbury के नाम पर हुआ था। यहीं से वह लाटसाहेबों के सुबह की चाय पर आ गयी।

इस बिस्कुट के अतिरिक्त इस स्थान में कुछ ख़ास उल्लेखनीय नहीं। सिवाय इसके कि यहाँ चार्ल्स डार्विन की पैदाइश हुई थी। जिस ईसाई चैपल में वह पढ़ते थे, उसके ठीक सामने ही अब उनकी मूर्ति लगी है।

बाद में जब उनके विकासवाद के मशहूर सिद्धांत को पादरियों ने झूठा और बेबुनियाद बताया, तो उनके मज़े लेते हुए डार्विन ने अपनी आत्मकथा में लिखा,

"मुझे बचपन से ही झूठे सिद्धांत गढ़ने में खूब आनंद आता था। स्कूल के दिनों में मैंने अपने दोस्त लेटन[1] को कहा कि मैंने ऐसा रसायन बना लिया है जिसके छिड़काव से अलग-अलग रंग के बसंती गुलाब[2] तैयार हो सकते हैं। यह एक अवैज्ञानिक सफ़ेद झूठ के सिवा कुछ नहीं था। ऐसा कोई रसायन था ही नहीं"

उनकी एक और आदत बचपन से थी-डब्बों में तितलियाँ और कीड़े बंद कर रखना, घोंघे और चूहे पकड़ना, अंडे जमा करना, चिड़िया पकड़ना आदि। यह इस कदर थी कि एक दिन पिता ने डाँटा,

---

1   जो बाद में प्रसिद्ध वनस्पति वैज्ञानिक बने

2   primrose

"तुम्हारे दादा इतने बड़े चिकित्सक और वैज्ञानिक हुए। मैं चिकित्सक बना। तुम ऐसे नालायक निकले जो कुत्ते-बिल्लियों और चूहे पकड़ने में अपना जीवन बर्बाद कर रहे हो। तुम प्रयास तो करो, तुम अपने बड़े भाई की तरह अच्छे चिकित्सक बनोगे"

"चिकित्सा दुनिया का सबसे नीरस व्यवसाय है। सच तो यह है कि भैया को भी कोई रुचि नहीं। आप ख़ामख़ा हमें इस दलदल में ढकेल रहे हैं।", चार्ल्स ने मुस्कुरा कर कहा

"तुम ही बताओ तुम्हारी क्या रुचि है? कैसे जीवन-यापन करोगे?"

"आप ही ने तो कहा कि बाप-दादा ने इतना अर्जित कर लिया है। इतनी ज़मीन-संपत्ति है। हम पढ़ कर कौन से इंग्लैंड के राजा बन जाएँगे। जो है, बहुत है।"

"लेकिन तुम इन कीड़े-मकोड़ों, पत्थरों को जमा कर आखिर क्या हासिल कर लोगे?"

"इसका मतलब है आपने भी दादा जी की किताब ठीक से नहीं पढ़ी"

"तुमने पढ़ी है? उन्होंने तो चिकित्सा पर लिखा है। वही तो मैं…"

चार्ल्स ने मेज पर से अपने दादा की किताब 'ज़ूनोमिया' उठा कर उसके एक पन्ने को जोर-जोर से पढ़ते हुए कहा,

गरम ख़ून वाले जीवों को देखते हुए मैं कभी-कभी सोचता हूँ कि आखिर उनमें इतनी क्षमता कैसे विकसित हुई…करोड़ों-अरबों वर्ष पूर्व जब पृथ्वी बनी होगी, तो उस वक्त के जीवों में इतनी क्षमता नहीं होगी। क्या हम सभी जीवों की शुरुआत किसी एक सूक्ष्म जीव से हुई होगी?

"हाँ! मगर इससे इन कीड़े-मकोड़ों को क्या संबंध?"

"हमसे कुछ सूक्ष्म तो ये जीव ज़रूर हैं। आखिर आपके पिता भी तो इनमें ही पूर्वज ढूँढ रहे थे"

पिता रॉबर्ट ने हँस कर कहा,

"तुम्हारे दादा एक कवि भी थे। यह उनकी कोरी कल्पना थी। ख़ैर, अगर तुम इस दिशा में कुछ करना भी चाहते हो, तो इसके लिए तुम्हें चिकित्सा की

पढ़ाई करनी ही होगी। तभी तो लोग तुम्हारी बात मानेंगे...तुम अपने भाई के पास एडिनबरा जा रहे हो। यह मेरा आख़िरी फैसला है"

वह मन मार कर एडिनबरा तो गए, लेकिन डाक्टरी के पहले अध्याय के लिए सुबह-सुबह 8 बजे जब पहुँचे, तो उस नीरस कक्षा में नींद आ गयी। चार्ल्स कभी डाक्टर न बन सके।

उन्हें उस वक्त यह अंदाज़ा नहीं था, कि इसी कक्षा में उनका सिद्धांत इसी नीरसता से पढ़ाया जाएगा, और भविष्य के कई चार्ल्स ऊँघ रहे होंगे।

विकासवाद (इवॉल्यूशन) कई मामलों में एक वर्जित शब्द था, जिसे गढ़ा ही नहीं गया था। इसके विषय में सोचना भी गिरजाघरों को चुनौती थी। बाइबल के सृष्टि (जेनेसिस) अध्याय 1.27 में यह स्पष्ट लिखा था-

"...इसलिए परमेश्वर ने मनुष्य जाति को अपने स्वरूप के अनुसार उत्पन्न किया..."

परमेश्वर ने उत्पन्न किया। न सिर्फ़ मानवजाति को बल्कि संपूर्ण सृष्टि को। इसलिए यह सोचना कि पृथ्वी के बनने के बाद किसी सूक्ष्म जीव की सृष्टि पहले हुई, अस्वीकार्य था। चार्ल्स डार्विन के पितामह एरास्मस डार्विन ने भी जब ऐसी बात लिखी तो यह ध्यान रखा कि इससे ईसाई स्थापना को ठेस न पहुँचे। चार्ल्स डार्विन तो ख़ैर उस वक्त इस विषय में सोचने के लिए भी सक्षम नहीं हुए थे। वह विज्ञान से बुरी तरह भ्रमित थे।

डार्विन एडिनबरा में अपनी शिक्षा पर लिखते हैं,

"मुझे भूगर्भशास्त्र और जीवविज्ञान, दोनों ही इतने नीरस विषय लगते, कि मैंने लगभग निश्चय कर लिया कि इस जीवन में विज्ञान तो नहीं पढ़ूँगा"

वह अपने पशु-पक्षियों और पेड़-पौधों में रुचि को विज्ञान से अलग देखते थे। जब कोई इसके विषय में भारी-भरकम सिद्धांत सुनाता, तो उन्हें यह संवाद पकाऊ लगता। उनके दुर्भाग्य से उनकी संगति ही ऐसी लोगों के साथ थी।

एक बार एक वरिष्ठ शोधार्थी डॉ. ग्रांट के साथ उनको लंबी टहल पर जाना पड़ गया।

"चार्ल्स! तुमने अपने दादा के सिद्धांत पर ग़ौर किया है?"

"मेरे पिता कहते हैं कि वह कोरी कल्पना है। मेरे ग़ौर करने के लिए उसमें कुछ नहीं"

"कल्पनाओं से ही तो सोच विकसित होती है। तुमने लेमार्क का नाम तो सुना होगा"

"यह महाशय कौन हैं?"

"उनकी पुस्तक है जीवविज्ञान दर्शन (Zoologie Philosophie)। काफ़ी चर्चा में है। आश्चर्य कि तुम तक नहीं पहुँची"

"(हँस कर) अच्छा है, नहीं पहुँची। मुझे न जीव-विज्ञान में रुचि है, न दर्शन में"

"फिर तुम यहाँ एडिनबरा में क्या कर रहे हो?", ग्रांट ने कुछ तल्ख़ आवाज़ में पूछा

"आप तो नाराज़ हो गए। माफ़ी चाहता हूँ। क्या कहते हैं लेमार्क?"

"वह कहते हैं कि हम सभी जीवों पर अपने वातावरण का प्रभाव पड़ता है"

"हाँ! लेकिन यह कौन सी बड़ी बात कह दी उन्होंने?"

"वह कहते हैं कि जैसे-जैसे जीव अपनी आदतें बदलते हैं, उनके अंगों में भी कुछ बदलाव आ सकता है, जैसे…"

"जैसे बच्चा अगर बचपन से पियानो बजाए, तो उसकी उंगली लंबी हो सकती है। एक लुहार की भुजाएँ सख़्त हो सकती है…"

"हाँ हाँ! कुछ ऐसा ही। लेकिन लेमार्क इससे आगे यह कहते हैं कि यह गुण उसके आने वाली पीढ़ी तक भी हस्तांरित हो सकती है"

"यह एक घिसी-पिटी और वाहियात सोच लगती है। (हँस कर) मसलन मुझमें ही अपने पूर्वजों की डाक्टरी नहीं आ सकी"

"यहाँ बौद्धिक गुणों की बात नहीं हो रही, चार्ल्स! तुम्हें पता है, जिराफ़ के पूर्वजों की गर्दन लंबी नहीं थी। जैसे-जैसे उन्होंने गर्दन ऊँची कर पत्ते खाने शुरू किए, उनके वंशजों की गर्दन लंबी होती गयी।"

"अगर जिराफ़ ऐसा नहीं करते तो गर्दन छोटी होती जाती?"

"हाँ! ऐसा संभव है। जिन अंगों का प्रयोग जीव कम करते हैं, उनके वंशजों में यह अंग धीरे-धीरे निष्क्रिय और गायब हो सकता है। जैसे किसी अंधेरी गुफ़ा में बसने वाले जीवों की आँख धीरे-धीरे कमजोर होती जाती है, और उनके वंशज अंधे होते जाते हैं"

चार्ल्स ने ज़मीन पर पड़े एक घोंघे को हथेली में लेकर कहा,

"आपके इन लेमार्क महाशय के अनुसार अगर यह घोंघा तेज़ रेंगने लगे, तो इसके वंशजों के पैर उग आएँगे?...हा हा हा!"

"यह हँसने की बात नहीं। तुम साँप का ही उदाहरण ले लो। मुमकिन है कि पहले उसके भी छिपकली की तरह पैर रहें हो। जैसे-जैसे उसने रेंगना शुरू किया, उसे पैर की ज़रूरत कम पड़ने लगी, और वह धीरे-धीरे गायब हो गए"

"साँप के कभी पैर थे। चमगादड़ की कभी तेज़ आँखें थी...मनुष्य कभी उड़ते थे। इतनी कल्पना तो मेरे दादा ने भी नहीं की थी।"

"तुमने ठीक कहा था। तुम विज्ञान पढ़ने के लायक ही नहीं। जाओ! जाकर किसी गिरजाघर के पादरी बन जाओ!", ग्रांट ने गुस्से में कहा

चार्ल्स ने सोचा कि यह सुझाव बुरा नहीं है। विज्ञान के इन बेलगाम घोड़ों से बेहतर है पादरी बन जाना।

जब एडिनबरा से लौट कर उन्होंने अपने पिता से यह इच्छा ज़ाहिर की, उन्होंने एक लंबी साँस ली और कहा, "अगर तुमने अपने भविष्य के लिए यही निर्णय लिया है, तो मुझे कोई एतराज़ नहीं। यूँ भी हमारे परिवार में लंबे समय से कोई पादरी नहीं बना।"

✴

"जिस क़दर मुझे रूढ़िवादी ईसाइयों का कोप झेलना पड़ा, अब यह हास्यास्पद लगता है कि मैं जवानी में पादरी बनना चाहता था"

—चार्ल्स डार्विन (अपनी आत्मकथा में)

उन्नीस वर्ष के चार्ल्स डार्विन की विज्ञान से विरक्ति कोई अजूबी घटना नहीं थी। ऐसा कई लोगों के साथ होता है कि विज्ञान पढ़ने गए, और पाठ्यक्रम से उकता कर भाग लिए। मुझे नोबेल पुरस्कृत भौतिकीशास्त्री एन्थनी लिगेट ने कहा कि वह इंग्लैंड में विज्ञान के बजाय साहित्य पढ़ने लगे थे, क्योंकि वहाँ की पढ़ाई रुचिकर नहीं थी।

डार्विन के मामले में एक दूसरी वजह भी थी, जो अक्सर युवाओं को पढ़ाई से भटका देती है। वह थी उनके पड़ोस में रहने वाली सुंदरी फैनी ओवेन, जिनसे वह आकर्षित हो गए थे।

"तो तुम मेरे लिए एडिनबरा से भाग आए? सुना है, अब पादरी बनोगे?", फैनी ने जंगल में शिकार पर आए उनके परिवारों के बीच नज़रें चुरा कर पूछा

"पता नहीं मैं क्या बनूँगा, लेकिन यूँ भाग कर तुम्हारे साथ बैठ कर अच्छा ज़रूर महसूस हो रहा है", चार्ल्स ने मुस्कुरा कर कहा

"तुमने 'रोमांस ऑफ़ द फोरेस्ट' उपन्यास पढ़ा है? ऐन रैडक्लिफ की?"

"नहीं"

"उस कहानी में एक रईस घर का लड़का एक नौकरानी के साथ भाग कर जंगल के किसी ईसाई मठ में रहने लगता है। (हँस कर) जब तुम पादरी बन जाओगे, तो हमें भी ऐसा ही एक मठ तलाशना होगा"

"सच कहूँ तो मैं वाकई ऐसे किसी जंगल में जीवन गुज़ारना चाहता हूँ"

"हाँ! सुना है तुम्हारे अजीबोग़रीब शौक़ के बारे में। तुम्हें घोंघे और चूहे भला कैसे पसंद? घिन नहीं आती?"

"घिन क्यों आएगी? कितने प्यारे तो होते हैं। वैसे एक सुंदर तोहफ़ा मैंने तुम्हारे लिए भी रखा है", डार्विन ने अपने झोले में हाथ डालते हुए कहा

"घोंघे? छी...मैं नहीं ले सकती। आज तक किसी प्रेमी ने इतना बदसूरत तोहफ़ा नहीं दिया होगा"

"घोंघा नहीं, पागल। यह देखो! यह है इंग्लैंड की सबसे दुर्लभ तितली- स्वैलोटेल"

"अरे वाह! ऐसी सुंदर तितली ने तो मैंने कभी नहीं देखी। यह कहाँ मिल गयी?"

"यही तो मेरा हुनर है। ऐसा खूबसूरत तोहफ़ा किसी प्रेमी ने आज तक नहीं दिया होगा। इसकी हक़दार तो इंग्लैंड की सबसे सुंदर स्त्री ही है"

"अच्छा! तभी मैं कहूँ कि क्रिसमस पर मुझसे मिलने क्यों नहीं आए। तुम ज़रूर यह तितली ढूँढ रहे होगे"

"तितली तो नहीं, एक अजूबा कीट (beetle) ढूँढ रहा था। सफ़ेद और पीली धारियों वाला।"

"हम्म...तो तुम्हें मुझसे अधिक इन कीड़ों से प्यार है। कहीं एक दिन इनके चक्कर में मुझे तो नहीं भूल जाओगे?"

"यही तो कशमकश है। तुमसे एक बात कहनी थी"

"कैसी बात? क्या तुम सच में जा रहे हो?"

"हमेशा के लिए नहीं। सिर्फ़ कुछ वर्ष"

"लेकिन कहाँ? तुम तो कैम्ब्रिज में पढ़ रहे हो। छुट्टियों में मिलने आओगे न?"

"मैं कैम्ब्रिज छोड़ कर कहीं दूर जा रहा हूँ। इंग्लैंड से दूर। बहुत दूर"

"मेरे पोस्टिलोन (उपन्यास का पात्र)! वाकई किसी जंगल के मठ में तो नहीं जा रहे? मैं किसी जंगल-वंगल में नहीं रहने वाली"

"एक लंबी यात्रा है-दक्षिण अमरीका की ओर। जहाज पर"

"हा हा हा! तुम्हें तो पिछली बार सेवर्न (नदी) में नाव पर उल्टियाँ आ गयी थी। जहाज पर कैसे जाओगे?"

"पता नहीं! लेकिन मेरे लौटने तक तुम मेरा इंतज़ार करोगी न?"

"शायद हाँ...शायद नहीं।"

"फिर मैं यह यात्रा रद्द कर देता हूँ। मैं तुम्हारे बिना आखिर कैसे रह पाऊँगा?", चार्ल्स ने फैनी के हाथ पर अपना हाथ रख कर कहा

"तुम ज़रूर जाओ, चार्ल्स! तुम एडिनबरा से भागे, कैंब्रिज भी छोड़ दिया। तुम्हारी मंजिल शायद कहीं और है। रही बात मेरी, तो यह तितली मुझे तुम्हारी याद दिलाती रहेगी...(आँसू पोछते हुए) वैसे नाम क्या है उस समुद्री जहाज का, जिस पर मेरा कोलंबस जा रहा है?"

"बीगल"

डार्विन को लिखी आख़िरी चिट्ठी में फैनी ने लिखा-

इस चिट्ठी को पढ़ते ही जला देना, वरना मेरा क्रोध और इंतक़ाम देखोगे[1]

डार्विन को फैनी तो नहीं मिली, मगर यह चिट्ठी भी नहीं जलायी

---

1   Burn this as soon as read- or tremble at my fury and revenge

क्यूँकि जहाज़ पर सभी जहाज़ी नहीं होते

मुझे विकासवाद के सिद्धांत में कोई ख़ास रुचि नहीं है। इसकी एक वजह यह है कि अब आनुवंशिकी (जेनेटिक्स) बहुत आगे बढ़ चुकी है। लोग घर बैठे अपने डीएनए का चिट्ठा निकलवा ले रहे हैं। ऐसे में एक आधुनिक दुनिया के चिकित्सक को विकासवाद का सिद्धांत कुछ यूँ लगता है जैसे नाड़ी देख कर इलाज करना पड़ रहा हो। जहाँ न किसी एंडोस्कोप की सुविधा हो, न एमआरआई की। चार्ल्स डार्विन के समय डीएनए का ज्ञान ही नहीं आया था, तो आनुवंशिकी पर लोग क्या ही कहते।

यूँ भी ऐसे व्यक्ति से क्या सीखने लायक होगा, जिसने न जीव-विज्ञान की शिक्षा ली, न भूगर्भशास्त्र की? चार्ल्स डार्विन तो कैम्ब्रिज के क्राइस्ट कॉलेज में कला के विद्यार्थी थे। इस कला के विद्यार्थी ने ऐसी सोच कैसे रख दी, जिसके बारे में वैज्ञानिकों ने कहा-'यह विज्ञान के दुनिया की महानतम सोच है'? इस सोच तक पहुँचने के लिए किन-किन पत्थरों पर कदम रखे गए? आखिर बीगल की यात्रा में ऐसा क्या हुआ था? वह इस यात्रा पर गए ही क्यों?

बी.ए. की परीक्षा देने के बाद दोस्तों के साथ छुट्टियाँ बिता कर जब चार्ल्स घर लौटे तो एक पादरी हेन्सलो की चिट्ठी मिली,

"प्रिय चार्ल्स! 'बीगल' नामक जहाज दक्षिण अमरीका की यात्रा पर निकल रहा है। इसके कप्तान फिज़ रॉय को एक सहायक की ज़रूरत है जो रास्ते में पशु-पक्षियों और पत्थरों का संग्रह करे। वह इस कार्य का वेतन नहीं देंगे, और न ही इसमें किसी शोध की संभावना दिखती है। इसलिए कोई विज्ञान-शोधी राजी नहीं। मुझे सबसे पहले तुम्हारा ध्यान आया। तुम यूँ भी घूम-घूम कर ऐसे संग्रह करते रहते हो"

चार्ल्स ने जब अपने पिता से पूछा, उन्होंने कहा,

"यह क्या बकवास कर रहे हो? अभी-अभी तुमने शिक्षा पूरी की है। तुमने कहा कि गिरजाघर में पादरी बनना है। अब यह क्या नया शगल है? जहाज यात्रा कोई मज़ाक़ नहीं। वह भी तीन वर्षों तक?"

"मैं यात्रा पूरी कर गिरजाघर चला जाऊँगा। अभी मेरी उम्र ही क्या है? यूँ भी आपके पास धन की कमी तो है नहीं"

"तुम किसी एक बुद्धिमान व्यक्ति से यह चिट्ठी ले आओ, कि तुम्हें जाना चाहिए। मैं जाने दूँगा"

"हेंस्लो महोदय की चिट्ठी तो लाया हूँ"

"मैंने कहा-किसी भी बुद्धिमान व्यक्ति की"

"आप ही अपनी नज़र में एक व्यक्ति बता दें, जिन्हें आप बुद्धिमान मानते हों"

"तुम अपने वेजवुड चाचा से लिखवा लाओ"

"आपको मालूम है, वह नहीं मानेंगे। कोई और नाम?"

"वेजवुड के अलावा किसी की बात मैं नहीं मानने वाला"

वेजवुड शिकार के शौक़ीन थे, तो चार्ल्स ने उन्हें शिकार पर चलने का आग्रह किया। वह तुरंत तैयार हो गए। माएर के जंगल में शिकार करते हुए चार्ल्स ने पूछा,

"आपने मुझे शिकार करना सिखाया है। आपको लगता नहीं कि आपको अमेजन के जंगलों में जाकर शिकार करना चाहिए?"

"करना तो चाहिए, बच्चे! मगर न फ़ुरसत है, न कभी ऐसे मौके मिले। तुम एक दिन ज़रूर जाना, और तब इस चिड़ीमार चचा को याद करना"

"आप जाने देंगे?"

"हाँ! शिकार करने तो कहीं भी जाने दूँगा"

"आप एक चिट्ठी लिख दें कि मुझे अमेजन के जंगलों में शिकार की इजाज़त है"

"मसला क्या है? ऐसा कोई अवसर है, और तेरा खड़ूस बाप मना कर रहा है? चल मेरे साथ! अभी डाँट लगाता हूँ"

आखिर इजाज़त तो मिल गयी, लेकिन जब वह लंदन साक्षात्कार के लिए पहुँचे, तो वहाँ कप्तान ने उनकी सूरत देख ही मना कर दिया। डार्विन लिखते हैं,

"वह लैवेटर[1] के अनुयायी थे, जिन्होंने सिद्धांत दिया था कि मनुष्य की नाक देख कर उसका व्यवहार पढ़ा जा सकता है। उनके अनुसार मेरी नाक जहाजी यात्रा के लिए पर्याप्त विकसित नहीं थी"

विकासवाद की पहली ख़ुराक तो डार्विन को अपनी चपटी नाक में मिल गयी।

✺

डार्विन की चपटी नाक कोई बड़ा मुद्दा नहीं रही, क्योंकि उनके अतिरिक्त कोई इस दुर्गम यात्रा के लिए तैयार नहीं था। पादरी हेंस्लो की पैरवी भी थी।

कप्तान फिज़ रॉय ने पूछा, "मुझे मालूम पड़ा कि तुम्हारा परिवार विग (उदारवादी) है, और मैं तो कट्टर टोरी (सामंतवादी) हूँ। मेरे साथ एक केबिन में रह पाओगे?"

"आप बहुत ऊँचे टोरी हैं, कप्तान और मैं एक मामूली विग। आपको समस्या नहीं होगी"

"शराब और तंबाकू की सख़्त मनाही रहेगी"

"मुझे ख़ास शौक़ नहीं…अच्छा! एक बात कहनी थी। मेरे पिता ने मात्र पाँच सौ पाउंड दिए हैं। उतने पैसे काफ़ी हैं?"

"(कुटिल मुस्कान देते हुए) तुम अगले तीन साल जैसी ज़िंदगी जीने जा रहे हो, उसमें तो कुछ पैसे बच ही जाएँगे। अपनी सारी रईसी इंग्लैंड में ही त्याग दो। जाओ! चलने की तैयारी करो!"

बाहर पादरी हेंस्लो प्रतीक्षा कर रहे थे। उन्हें जब पता लगा कि आखिर कप्तान फिज़ रॉय मान गए तो खुश हो गए।

उन्होंने कहा, "चार्ल्स! तुम ऐसी यात्रा पर जा रहे हो, जहाँ कीटकों और पशुओं की ही नहीं, मनुष्य की भी कई प्रजातियाँ देखोगे। जंगली और काली

---

1   Johann Kaspar Laveter

नस्लें, जो दिखती मनुष्य जैसी हैं। तुम्हें पता लगेगा कि ईश्वर ने यह दुनिया कितनी बारीकी से बनायी है"

"(मुस्कुरा कर) कहीं ऐसा तो नहीं कि उन्हें देख कर मुझे ईश्वर पर ही शक होने लगे कि इतनी भिन्न प्रजातियाँ बनाना उनके बस में नहीं"

"बिल्कुल नहीं! बल्कि तुम्हें विश्वास हो जाएगा कि बिना किसी महान दैवीय शक्ति के यह संभव ही नहीं। मुझे यकीन है तुम लौट कर एक अच्छे पादरी बनोगे"

जब डार्विन कुछ दिनों बाद हिज़ मैजेस्टी सर्वेयर (HMS) बीगल जहाज पर चढ़ने लगे, तो उन्होंने तीन भूरे नस्ल के लोगों को भी जहाज पर देखा। वह अचंभित हुए कि ये दो किशोर और एक किशोरी कौन हैं। फ़िल्म 'क्रिएशन' में डार्विन के किरदार अपनी बेटी को यह कहानी कुछ यूँ सुनाते हैं,

"हमारे जहाज के निकलने के कुछ वर्ष पूर्व कप्तान फिज़ रॉय दक्षिणी अमरीका के आखिरी छोर पर एक द्वीप पहुँचे। वहाँ जंगली मनुष्य रहते थे, जिनके बदन पर एक कपड़ा नहीं होता। उन्होंने कप्तान के जहाज पर हमला कर दिया।

थोड़ी लड़ाई के बाद कप्तान ने उनके साथ समझौता किया। उनको कुछ खूबसूरत बटन और कपड़े दिखाए, जिसे वे लोग अचंभित होकर देखने लगे। कप्तान ने बदले में उनसे चार बच्चे माँग लिए, जिन्हें लेकर वह इंग्लैंड आ गए।

उन बच्चों को खूब नहलाया, उनके केश काट कर छोटे किए, उन्हें अंग्रेज़ बच्चों की तरह कपड़े दिए। उन्हें अंग्रेज़ी विद्यालय में शिक्षा दी। उनमें एक की चेचक से मृत्यु हो गयी, लेकिन बाकी तीन बच्चे ईसाई बन कर अंग्रेज़ी बोलने लगे। यहाँ तक कि इंग्लैंड के राजपरिवार ने उन्हें आमंत्रित किया"

"अच्छा? फिर उन्हें वापस जहाज पर क्यों ले जाया गया?", उनकी बेटी ने पूछा

"यह कप्तान का एक प्रयोग था। उनका मानना था कि ये 'सभ्य' बच्चे जब वापस उस असभ्य दुनिया में लौटेंगे, तो उन्हें भी सभ्य ईसाई बना देंगे। तुम्हें क्या लगता है, आखिर क्या हुआ होगा?"

"यह प्रयोग असफल हो गया होगा"

“हा हा…बिल्कुल सही! जब हम उन्हें उस द्वीप पर छोड़ कर कुछ महीनों बाद लौटे। उन बच्चों ने अपने कपड़े त्याग दिये थे, और हाथ में भाले लिए रेत पर दौड़ रहे थे। कप्तान के सभ्यता का घमंड चूर-चूर हो गया था…बेटी एनी! याद रखना! मनुष्य इस प्रकृति के सामने बहुत बौना है, जिसे इस विशाल दुनिया का नगण्य ज्ञान है”

“इतनी दुनिया घूमने वाले मेरे पिता को भी नहीं?”, बेटी ने डार्विन के सर पर हाथ फेरते हुए कहा

“अभी तो तेरे पिता ने इतनी सी दुनिया देखी है। उसे रत्ती भर ज्ञान नही”, डार्विन ने अपने अंगूठे और तर्जनी से अपने ज्ञान का आकार दिखा कर कहा

अक्सर हम यात्राओं पर निकलते हैं। इसे तस्वीरों में दर्ज़ करते हैं, और भूल जाते हैं। कुछ लोग अपने मोबाइल पर छोटे वर्णन लिख लेते हैं। कुछ अपनी जेब में एक दैनंदिनी लिए घूमते हैं, और यात्रा में विराम लेकर उसमें कुछ विस्तार से लिखते हैं। मैं ऐसे व्यक्ति से भी मिला जो यायावर हैं, जिनके पास ऐसी कई दैनंदिनी जमा हैं, मगर कभी प्रकाशित नहीं की। उनको मैंने एक शराबखाने के अंदर भी अनुभव दर्ज़ करते हुए देखा, और पढ़ कर चौंक गया कि किस बारीकी से लिखा था।

डार्विन की दैनंदिनी पढ़ना इसलिए सहज है क्योंकि उन्होंने भी एक यात्री की तरह लिखा है, वैज्ञानिक की तरह नहीं। जैसा पहले बताया है कि डार्विन जब यात्रा पर निकले, तो वह बाइस वर्ष के कला विद्यार्थी थे। उन्हें पौधों या पशु-पक्षियों के वैज्ञानिक नाम नहीं मालूम थे। उन्होंने भूगर्भशास्त्र के सिद्धांत नहीं पढ़े थे। इसलिए उन्होंने ऐसे ही लिखा जैसे एक नौसिखिया साहित्यकार लिखते। इसके बावजूद उनका वर्णन इतना जीवंत है, इतना सूक्ष्म है, जैसे कोई चित्रकार बारीकी से चित्र उतार रहा हो।

एक महीने तूफ़ानी मौसम के कारण जहाज इंग्लैंड में ही रुका रहा, और चार्ल्स डार्विन के लिए यह समय बहुत ही नीरस था। रोज तैयार होकर जहाज पर चढ़ना, और वापस उतर जाना। प्लाइमाउथ की सड़कों पर यूँ ही भटकना। कप्तान

के साथ जहाज के लिए कुछ ख़रीदारी करना। आखिर 27 दिसंबर 1831 को जहाज ने इंग्लैंड का दक्षिणी तट छोड़ दिया।

योजना थी कि पहले पश्चिमी अफ्रीका तट की तरफ़ रुख कर दक्षिण अमरीका के पूर्वी तट की ओर मुड़ जाना। धीरे-धीरे दक्षिण अमरीका के आखिरी दक्षिणी छोर तक पहुँचना। वहाँ से वर्तमान पेरु और चिली की तरफ़ बढ़ना। वापस घूम कर इंग्लैंड लौट जाना। हालाँकि यह यात्रा वहाँ से न्यूज़ीलैंड-ऑस्ट्रेलिया के रास्ते हिंद महासागर की ओर बढ़ गयी, और पूरी पृथ्वी की परिधि घूम कर ही वापस लौटी। यात्रा में तीन वर्ष के बजाय पाँच वर्ष लग गए।

"जानते हो चार्ल्स, मैं पहले इस जहाज का कप्तान नहीं था? दरअसल पिछले कप्तान ने आत्महत्या कर ली, तो मुझे यहाँ भेजा गया", फिज़ रॉय ने कहा

"आत्महत्या? मगर क्यों?", चार्ल्स ने पूछा

"जहाज यात्रा में हमारा व्यक्तित्व बदलता जाता है। हमें अजीबोग़रीब चीजें दिखने लगती है। हमें अपने आस-पास के लोगों पर शक होने लगता है। हमारे सहयात्री बीमार होते, मरते चले जाते हैं। कप्तान खुद को असहाय और अकेला महसूस करने लगता है। दूर-दूर तक सिर्फ़ पानी ही पानी। चिल्लाओ तो कोई सुनने वाला नहीं…"

"आप तो मुझे डरा रहे हैं, कप्तान!"

"मैं देख रहा हूँ कि पहले चार घंटे में ही तुम पाँच बार उल्टियाँ कर चुके हो। तुम चाहो तो अफ्रीका में उतर कर अगली जहाज से वापस लौट सकते हो। फ़ौजियों का मरना आम है, मगर तुम तो साधारण नागरिक हो"

"आपसे किसने कहा कि मैं साधारण नागरिक हूँ। आपने पूरे इंग्लैंड में इश्तहार दिए, मगर चलने को राजी तो सिर्फ़ मैं हुआ। हाँ! उल्टियों का हल बता दें, तो बड़ी मेहरबानी होगी"

"उल्टियों का हल? हा हा हा…उल्टियों का हल है उल्टियाँ। लोग पहाड़ चढ़ने के लिए अपने पैरों और साँस का व्यायाम करते हैं। तैरने के लिए ऊर्जा का। लेकिन जहाज पर हमें एक व्यायाम करना है-अपने आँतों का। हम क्या खाएँ, कब खाएँ, कितना खाएँ, कब सोएँ आदि…वह ऊपर मस्तूल पर खड़ा लड़का दिख रहा

     स्पीशीज वाला

है? कैसे पताके को पकड़े ठहाके लगा रहा है? तुम भी सीख जाओगे...(लड़के को आवाज़ देते हुए) कोविंगटन! नीचे आओ!"

"अभी आया, कप्तान!", सेवक कोविंगटन वहाँ से चिल्लाता है

नीचे उतर कर वह अपनी मुट्ठी खोलता है, और कप्तान को कुछ रेत दिखाता है।

"यह रेत कहाँ से आ गयी? क्या हमारे आस-पास कोई ज़मीन है?", चार्ल्स कौतूहल में पूछते हैं

"अफ्रीका से बह कर आ गयी होगी", फिज़ रॉय कहते हैं

"मगर हवा तो पश्चिम से चल रही है, क्या उस तरफ़ भी...", चार्ल्स ने कहा

"दक्षिण अमरीका तो बहुत दूर है। वहाँ से रेत आने का सवाल ही नहीं उठता", फिज़ रॉय ने अनुमान को धत्ता बता कर कहा

"मैं कुछ और रेत देखना चाहता हूँ। शायद उसमें किसी जीव के अंश मिल जाएँ?", चार्ल्स डार्विन ने कहा

"मैं अभी लेकर आया...", कोविंगटन वापस पताके पर चढ़ने लगा

"रुको! हम यहाँ इस शाही रंगरूट के शौक़ पूरे करने नहीं आए। अगर रेत चाहिए, तो खुद लेकर आइए। हमारे जहाजियों के लिए और भी चीजें ज़रूरी हैं", फिज़ रॉय ने डाँट कर कहा

जहाजी अपने काम पर लग गए। कुछ देर बाद एक जहाजी चिल्लाए,

"कप्तान! कप्तान! चार्ल्स को देखिए...ऊपर!"

कप्तान भाग कर आए तो देखा डार्विन ऊपर पताके की ओर बढ़ रहे थे।

फिज़ रॉय ने मुस्कुरा कर कहा, "जाने दो! सिर्फ़ नज़र रखो कि गिरने न पाए। वह अपने आँतों का व्यायाम कर रहा है"

जब चार्ल्स रेत बटोर कर नीचे आए, तो उत्साहित होकर माइक्रोस्कोप में देखने लगे। फिज़ रॉय ने कहा,

"हटो! मैं देखता हूँ...(माइक्रोस्कोप में देखते हुए) हम्म! तुम्हारा अंदाज़ा

ठीक था। ये जिन जीवों के अंश हैं, वे दक्षिण अमरीका से ही आए हैं। (हँस कर) कमीने! ये तो हज़ारों मील चल कर हमसे पहले पहुँच गए!"

डार्विन ने इसे कुछ यूँ लिखा-"जीवाश्म के साथ-साथ पराग के दाने[1] भी आए थे। क्या यह मुमकिन है कि अफ़्रीका में कोई दक्षिण अमरीकी प्रजाति उग जाए? इस नए वातावरण में कहीं वह पौधा रूप तो नहीं बदल लेगा?"

टेनेरिफ़े में जब जहाज रुका तो उन्हें कुछ उत्तर मिल गए।

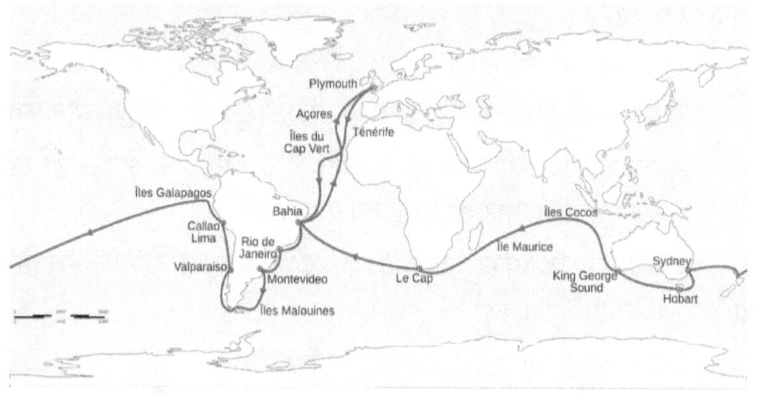

---

1   Pollen

क्यूँकि दुनिया हमसे बहुत बड़ी है

"यह द्वीप किसी ज्वालामुखी के सूखने से बना था, जिसके नाभि में अग्नि बुझ गयी थी, किंतु सूर्य की तीक्ष्ण किरणों से यह अब भी तप रहा था। एक अंग्रेज़ व्यक्ति के देखने के लिए यहाँ कुछ नहीं था, किंतु मुझे इस वीराने में जब एक पत्ता दिखता तो यह मेरे लिए आश्चर्य था। वनस्पति के नाम पर गिनी-चुनी पत्रविहीन कटीली झाड़ियाँ ही थी। यहाँ अगर कभी तेज वर्षा होती तो अगले ही क्षण सूख जाती। पहला जीव जो मुझे दिखा, वह एक किंगफ़िशर पक्षी थी, जो दूसरे जीव टिड्डी का भोग कर रही थी। वहीं रेंगती एक छिपकली भी उस टिड्डी को पाने का संघर्ष कर रही थी। और यह टिड्डी उन दोनों से खुद को बचा कर इस बंजर धरती पर जीने की राह बना रही थी। सभी एक दूसरे पर आश्रित थे, और शायद इसी कारण सभी एक-दूसरे के शत्रु भी।"

–पोर्ट राया के विषय में चार्ल्स डार्विन

बीगल का पहला छोटा पड़ाव पश्चिमी अफ्रीका के केप वर्डे द्वीपों पर था। इनमें अधिकांश द्वीप निर्जन थे। मात्र सेंट डोमिंगो के एक गाँव में कुछ मनुष्य रहते थे। युवा डार्विन ख़ास कर उन बीस काली युवतियों का ज़िक्र करते हैं, जिनकी त्वचा में अलग ही ख़ूबसूरती थी। उन्होंने रेशमी वस्त्र पहन रखे थे। वह अपने कदम थपथपाती, नाचती, गीत गुनगुनाती चल रही थी, और चार्ल्स छुप कर उनका पीछा कर रहे थे। वे अचानक पीछे मुड़ी और इस गोरे आशिक़ को देख कर हँस पड़ी।

यहाँ से जब जहाज़ चल कर ब्राज़ील के तट पर रियो डी जेनेरो पहुँचा, वहाँ उत्सव का माहौल था। कार्निवल का समय था, और अर्धनग्न सुंदरियाँ रेत पर नृत्य कर रही थी। अभिजात्य अंग्रेज़ स्त्रियों के भारी-भरकम गाउन और दबी-बनावटी आवाज़ के विपरीत यहाँ अलग ही उन्मुक्त माहौल था। वे चार्ल्स और अन्य जहाजियों के टोपी उतार कर ज़मीन पर फेंक रही थी, और वे बेचारे उसे वापस

बटोरने में लगे थे। बहरहाल, चार्ल्स अपनी टोपी और कोट उतार कर उनके साथ खुल कर नाचने लगे, जो जहाजी लेफ्रिटनेंट को ख़ास पसंद नहीं आया। ख़ास कर इसलिए भी कि वे गुलामों और सेवकों के साथ नाच रहे थे!

"इनसे मिलिए चार्ल्स! यह हैं श्रीमान फिगुरेडा, यहाँ के सबसे बड़े ज़मींदार और हमारे ख़ास मित्र", लेफ्रिटनेंट ने एक व्यक्ति से परिचय कराते हुए कहा

"नमस्ते श्रीमान्! आप तो यहाँ की ज़मीन और जंगल से परिचित होंगे?"

"सब हमारा ही है। परिचित क्यों न होंगे?"

"आपका मतलब इन तमाम नाचते-गाते लोगों से भी है?", डार्विन ने मुस्कुरा कर कहा

"हाँ! ज़्यादातर लोग हमारे लिए काम करते हैं"

"अच्छा! इस तरह तो हम सभी किसी के लिए काम करते हैं। इस रिश्ते से ये आपके तो नहीं हो गए"

"लगता है लेफ्रिटनेंट! आपने श्रीमान चार्ल्स को यहाँ के तौर-तरीक़े नहीं समझाए?", फिगुरेडा ने कहा

"डार्विन महोदय! इस इलाक़े में इंग्लैंड से कहीं अधिक दास हैं। ख़ास कर सभी नीग्रो इनके ग़ुलाम होते हैं..."

जब ये लोग उनके बागान तक पहुँचे, तो वहाँ अलग ही रोना-धोना मचा था। कुछ गुलामों पर डंडे बरसाए जा रहे थे। औरतें चिल्ला रही थी।

"यहाँ तो वाकई गुलामी अपने वीभत्स रूप में है। इन्हें क्यों मारा जा रहा है?", चार्ल्स ने पूछा

"यह मामूली मसला है। दरअसल पास के एक बागान में महिलाओं की ज़रूरत है। वहाँ फल उगाने का काम है, जहाँ महिलाएँ अधिक काम आती हैं"

"अच्छा! लेकिन ये रो क्यों रही हैं? ऐसा लग रहा है कि इनको अपने परिवार से अलग किया जा रहा है"

"(हँस कर) इनका कोई परिवार, कोई पति नहीं होता। आप खुद ही पूछ लें। इनमें विवाह नहीं होते। यूँ भी इनके लिए कुछ महिलाएँ तो यहाँ रहेंगी ही।"

"आप जोड़ियों में तो भेज सकते हैं..."

"श्रीमान डार्विन! मेरा अनुरोध है कि आप इनके निजी मसलों में दखल न दें। यूँ भी आपको जंगल में शिकार की इच्छा थी। ये आपको लेकर जाएँगे..."

"मेरा ख़याल है मुझे अब शिकार की ज़रूरत नहीं। लेकिन हाँ! जंगल ज़रूर देखना चाहूँगा"

वहाँ से लौट कर चार्ल्स के मन में कुछ सवाल घूमते रहे। उन्होंने कप्तान फिज़ रॉय से पूछा,

"आपको नहीं लगता कि अब हमें इस निर्मम दास-प्रथा से मुक्ति पा लेनी चाहिए?"

"मैंने पहले ही कहा था कि मैं एक टोरी हूँ, और आप एक विग। हमारे विचार भिन्न हैं। हम इन असभ्य नीग्रो का उद्धार ही कर रहे हैं"

"आप एक ईसाई मिशनरी भी तो हैं। आपके मन में इनके लिए दया नहीं उमड़ती?"

"उमड़ती है। मैंने एक दिन इन ज़मींदार के सामने ग़ुलामों को एक साथ बुलवाया और उनसे पूछा-क्या वे खुश है? उन सबने इशारा किया कि वे खुश हैं"

"आपको नहीं लगता कि ये प्रश्न उनके उस मालिक के सामने पूछना फिजूल था, जो उन पर कोड़े बरसाता है?"

"डार्विन महोदय!! आप मुझ पर पक्षपात का आरोप लगा रहे है? लेफ़्टिनेंट! इन्हें कहो कि अगले पड़ाव में उतर जाएँ इस जहाज से! इन्हें लौटते वक्त ससम्मान इंग्लैंड पहुँचा दिया जाएगा"

डार्विन सर झुका कर कमरे से बाहर निकल गए। उन्होंने दर्ज़ किया,

"मनुष्य संभवतः एक जीव है, जो अपनी ही प्रजाति के दूसरे जीव को गुलाम बना कर रखना उचित मानता है। विडंबना यह है कि ये ऐसे मनुष्य हैं जो मानते हैं कि सभी मनुष्यों को ईश्वर ने अपने प्रतिबिंब रूप में बनाया।"

अगले दिन कप्तान ने बुला कर कहा, "आपसे मैं कुछ ज्यादा ही तल्ख़ हो गया। अगर आप यह विश्वास दिला पाएँ कि इन नीग्रो और हमारे पूर्वज एक हैं, तो शायद मेरी सोच भी बदल जाए। किंतु ऐसे निष्कर्ष तक पहुँचने के लिए आपको यह यात्रा तो पूरी करनी ही होगी...मत भूलें! फ़िलहाल कप्तान मैं हूँ, और इस जहाज पर मेरी ही चलेगी। आपकी नहीं"

दक्षिण अमरीका के जंगल युवा डार्विन के लिए जैसे कारूँ का ख़ज़ाना था। हर तरफ़ सैकड़ों अनोखे जीव-जंतु। वह कभी किसी तितली के पीछे भागते तो एक मकड़ी दिख जाती। हर आकार की मकड़ी, और इतनी विषैली कि एक झटके में आदमी मर जाए। साँपों का तो साम्राज्य ही था। संभल-संभल कर कदम बढ़ाने पड़ते।

बहरहाल, उनको कप्तान ने अब एक सहायक दे दिया था, जो उनके साथ यात्राएँ करते। डार्विन जहाज पर इतनी उल्टियाँ कर रहे थे, कि उन्हें अक्सर जहाज से उतार दिया जाता। जब जहाज समंदर में मानचित्र अन्वेषण से लौट कर आती तो उनको निश्चित स्थान से वापस उठा लेती।

"कोविंगटन! मुझे समंदर में घूमने से बेहतर ज़मीन पर लगता है। यहाँ के जीव-जंतु ही तो मुझे देखने हैं। समंदर में तो लगता है एक दिन बीमार होकर मर जाऊँगा"

"क्षमा करें श्रीमान! आप ऐसे घने जंगलों में ले जाते हैं, जहाँ मरने की संभावना अधिक है।"

"हा हा! इन घने जंगलों से गुजरने के लिए हाथ में चाकू और कंधे पर बंदूक तो अनिवार्य है। चाकू से झाड़ियाँ काटते हुए आगे बढ़ना पड़ रहा है। पता है, यहाँ के लोग चाकू चलाने में इतने दक्ष हो जाते हैं कि दूर से भी चाकू फेंके तो बंदा मर जाए।"

"हाँ! इसी चाकू से एक दूसरे को भी निपटा भी देते होंगे। बड़े ही बर्बर लोग हैं यहाँ..."

"(हँस कर) ऐसी बात नहीं। हम इंग्लैंड वाले खुद को इतना भद्र मानते हैं, पूरी दुनिया बर्बर लगती है। तुमने एक चीज़ ग़ौर की, कोविंगटन? यहाँ तमाम जीव-जंतु हैं, मगर अफ़्रीका की तरह भारी-भरकम स्तनधारी नहीं दिखते। न हाथी, न गैंडा, न शेर, न जिराफ़, न ही भारी-भरकम भैंसे। इतने घने जंगल और लंबी घास के बावजूद यहाँ वे क्यों नहीं?"

"इतने घने जंगल में उनके गुजरने की जगह कहाँ है, श्रीमान्?"

"उनके लायक जगह तो बन ही जाएगी। सवाल यह है कि इतनी सदियों के बाद भी यहाँ के स्तनधारियों का आकार क्यों नहीं बढ़ा? ईश्वर ने कम से कम एक विशालकाय प्राणी तो इस ज़मीन के लिए बनाया होगा। अगर ईश्वर ने…"

"मुझे आपके जितना तो ज्ञान नहीं, मगर बाइबल में किसी प्रलय का वर्णन है, जिसमें तमाम जीव डूब गए"

"तुम्हें सचमुच लगता है, ऐसा ही हुआ होगा? अफ़्रीका के बड़े जीव नहीं डूबे, मगर यहाँ डूब गए? मुझे लगता है, कुछ और वजह है, जो यहीं कहीं मिलेगी"

कुछ वर्षों बाद जब डार्विन समंदर किनारे समुद्र-सिंहों (sea-lions) को निहार रहे थे, उन्हें वहीं एक गुफ़ा से झाँकती सफ़ेद आकृति दिखी। वह जैसे ही निकट पहुँचे, चौंक गए!

"कोविंगटन! यहाँ आओ! हमें यहाँ खोद कर देखना होगा।"

"अभी आया, श्रीमान्! लगता है आपको कोई और ख़ज़ाना मिल गया"

जैसे-जैसे उन्होंने खुदाई शुरू की, उस आकृति का आकार बढ़ता चला गया।

"यह तो कोई ऊँट लगता है…या फिर कोई बड़े आकार का घोड़ा….", कोविंगटन ने कहा

"अभी हमें इसका एक अंग ही मिला है। आस-पास अन्य अंग भी होंगे"

रेत पर वह कंकाल बिछाया जा रहा था, और डार्विन किसी पहेली की तरह उसे जोड़ते हुए उत्साहित हो रहे थे।

"तुम ठीक कह रहे थे, कोविंगटन! हज़ारों वर्ष पहले यहाँ संभवतः कोई प्रलय आया था, जो इस भीमकाय जीव को खत्म कर गया"

"जैसा बाइबल में लिखा है?", कोविंगटन ने उत्साहित होकर कहा

"(कंकाल का सर हाथ में लेकर) कोविंगटन! अगर मैं यही मान लूँ कि यह सब बाइबल में लिखा है, तो आगे कुछ भी ढूँढने की इच्छा ही खत्म हो जाएगी। शायद इन जीवों की कहानी अभी लिखी जानी बाकी है..."

"नकलची चिड़िया (मॉकिंग बर्ड) को यहाँ कैलेंड्रिया बुलाते हैं। इससे सुंदर गीत गाने वाली चिड़िया मैंने नहीं सुनी। ख़ास कर इसलिए भी कि यह चिड़िया यूँ ही कहीं नहीं गा देती, बल्कि बाक़ायदा अपना ऊँचा मंच चुनती है, और श्रोताओं की उपस्थिति में ही गाती है। इसके सुर कभी ऊँचे जाकर कर्कश हो जाते हैं, तो वह इसे सुधार कर पुनः सुगम बना लेती है...

इन सुरीली चिड़ियों के अतिरिक्त यहाँ उन चीलों का बोल-बाला है, जो लाशों को नोंच कर खाते हैं...एक करांचा नामक पक्षी भी है, जो कभी किसी चलते-फिरते जीव पर हमला नहीं करती। अलबत्ता वह अंडे चुराने में उस्ताद है, और सिर्फ़ मृत जीवों को ही खाती है...

यूँ भी इस वीराने में जीने की संभावना कम, मरने की ज्यादा है। या यूँ कहें कि एक जीव की मृत्यु पर दूसरे जीव का जीवन आश्रित है"

–चार्ल्स डार्विन की दैनन्दिनी पर आधारित
पेटागोनिया (चिली-अर्जेंटीना) का वर्णन

         स्पीशीज वाला

दक्षिण अमरीका के मूल निवासियों को 'इंडियन' कहा जाता है, जो कोलंबस के यात्रा के कारण थी। उस इतिहास के विषय में बात करना फ़िलहाल विषयांतर हो जाएगा। उसकी चर्चा मैंने अपनी पुस्तक 'इंका, एज़्टेक और माया' में कुछ विस्तार से की है कि कैसे उन इंडियनों का धीरे-धीरे सफ़ाया किया जाने लगा। जब उन्नीसवीं सदी में 'बीगल' जहाज वहाँ पहुँचा, तब तक इंडियनों की छोटी जनसंख्या ही बची थी। गाहे-बगाहे चार्ल्स डार्विन को वे दिख जाते। ख़ास कर एक लंबी यात्रा को उन्होंने दर्ज़ किया है।

"डार्विन! आपको पंपास के घास मैदान देखने की इच्छा है। लेकिन ध्यान रहे कि वह खूँखार इंडियनों का इलाक़ा है। ख़ास कर इस वक्त तो वे बहुत ही आक्रामक हो गए हैं", कप्तान फिज़ रॉय ने कहा

"मगर क्यों? मुझे तो वे बड़े ही सीधे-साधे लोग लगते हैं"

"जनरल रोसा[1] की वजह से। वह अर्जेंटीना नामक एक बड़ा देश बनाने की मिशन पर हैं। उनका ध्येय है-इंडियनों का पूरी तरह सफ़ाया करना। इसलिए इंडियन अपनी आख़िरी लड़ाई लड़ रहे हैं"

"ओह! फिर तो आपको इन जनरल रोसा को खूँखार कहना चाहिए। खैर, मैं ध्यान रखूँगा। आप मुझे वापस कहाँ मिलेंगे?"

"आप यह घास का मैदान पार कर ज़मीन के रास्ते ब्यूनस आयर्स तक पहुँचें। ज़िंदा बच गए, तो वहीं मुलाक़ात होगी। (हँस कर) वैसे आपका रंग तो जंगल में घूम-घूम कर काला होता ही जा रहा है, दाढ़ी और बाल बढ़ा कर आप पूरे इंडियन लगने लगे हैं। आपको शायद इंडियन न मारें। हाँ! जनरल रोसा से बच कर रहिएगा।"

घोड़े पर बैठ कर पंपास घास के मैदानों से गुजरते हुए डार्विन को लामा पशु का एक झुंड दिखाई दिया, जो उनके घोड़ों की टाप सुन कर भागने लगे। डार्विन घोड़े से नीचे उतर कर घास में रेंगते हुए उनका पीछा करने लगे। आखिर उन्हें एक तरकीब सूझी!

---

1   Juan Manuel de Rosas

डार्विन ने ज़मीन पर लेट कर अपनी एक टांग उठा दी, और अपने जूतों को यूँ हिलाने लगे, जैसे अपनी लंबी गर्दन के साथ लामा सर हिलाते हैं। थोड़ी ही देर में उस पशु का एक झुंड कौतूहल में उनके टांग के इर्द-गिर्द मंडराने लगा कि यह कौन सा अजीब लामा हमारे जंगल में आ गया!

डार्विन ने लिखा, "हर सामूहिक जीव का अपनी प्रजाति के प्रति आकर्षण और दूसरी प्रजाति के प्रति एक प्राकृतिक अवरोध हो सकता है"

जब वे आधे रास्ते पहुँचे तो उन्हें जनरल रोसा के सिपाहियों ने रोक लिया, और उन्हें पकड़ कर छावनी में ले गए। वह समझाते रहे कि वे ब्रिटिश जहाज़ में आए हैं, लेकिन वे सिपाही स्पैनिश भाषा ही समझते थे।

"जनरल! यह कोई जासूस लगता है। इसके पास पंपास के मानचित्र मिले हैं और यह घास में छुप कर अजीब हरकतें कर रहा था। इसके पास बंदूक भी है"

डार्विन ने अंग्रेज़ी में कहा, "मैं कप्तान फ़िज़ रॉय के जहाज पर आया हूँ। यहाँ के भूगर्भशास्त्र का अध्ययन कर रहा हूँ। मेरा नाम चार्ल्स डार्विन है"

"अच्छा?...खुशी हुई आपसे मिल कर। मैं जनरल रोसा। मुझे थोड़ी-बहुत अंग्रेज़ी आती है। इंग्लैंड तो हमारा मित्र देश है। लेकिन आप यहाँ अकेले न घूमा करें। ये कमीने इंडियन…"

"जनरल रोसा! आपकी बहुत तारीफ़ कर रहे थे, कप्तान। आप एक बड़ा ईसाई देश बना रहे हैं। लेकिन इंडियनों से बैर क्यों?"

"अरे, ये लोग बर्बर हैं, डार्विन महोदय! हमारी नाक में दम कर रखा है। ये हमारी मवेशियाँ पकड़ कर खा जाते हैं। हमारी मानव सभ्यता के लिए इनका खात्मा ज़रूरी है"

"आखिर वे भी तो मानव ही हैं, जनरल! आप उन्हें शिक्षा दे सकते हैं। ईसाई भी बना सकते हैं। जैसे हमारे कप्तान ने तीन इंडियनों को ईसाई बनाने की चेष्टा की…खात्मा तो नहीं किया

"क्या वे ईसाई बन गए?"

"नहीं! मगर…"

"देखिए! आप लोग इंग्लैंड में बैठ कर चाय की चुस्की लेते हुए ऐसे ख़्वाब देखते हैं। हमें तो इन्हें यहाँ इस जंगल में झेलना पड़ता है। ये नहीं सुधरने वाले"

"इसका अर्थ है कि दस वर्ष बाद अगर मैं लोटा तो मुझे एक भी इंडियन नहीं मिलेगा?"

"आप घूम-फिर कर दो-तीन साल बाद आएँ, अगर ईश्वर ने चाहा तो यहाँ सिर्फ़ और सिर्फ़ सभ्य ईसाई ही मिलेंगे…ख़ैर। आप थक गए होंगे। आराम करें। यहाँ से आगे मेरे सिपाही आपको ब्यूनस आयर्स तक ले जाएँगे"

"धन्यवाद! लेकिन इसकी आवश्यकता नहीं, जनरल! अब इतनी दूर आ गया हूँ, तो आगे भी रास्ता ढूँढ लूँगा। सिर्फ़ विनती है कि इन इंडियनों के लिए कोई और रास्ता…"

"अरे, आप कहाँ हम फ़ौजियों की बातों में फंस गए? हमें अपना काम करने दें। आप यहाँ की वनस्पति, पशु-पक्षियों का आनंद लें। जाइए! आपका सफ़र लंबा है…और हाँ! इंग्लैंड पहुँच कर महाराज को मेरा प्रणाम कहिएगा"

*

"मेरे दोस्त, डार्विन! हमने तो तुम्हारे आने की आशा छोड़ दी थी। हमें लगा तुम इंडियनों के बीच ही बस गए", ब्यूनस आयर्स में कप्तान फिज़ रॉय ने स्वागत करते हुए कहा

"मैं इतनी जल्दी आपको नहीं बख़्शने वाला कप्तान! आपके जहाज के लिए तीन बोरियाँ भर कर चीजें लाया हूँ"

"हा हा! तुम्हारे लाए कंकालों और पत्थरों के भार से तो यह जहाज डूबा जा रहा है"

"अब तो कई कैम्ब्रिज भिजवा दी, यह भी अगले जहाज से भिजवा दूँगा। बहरहाल, इस फीताकृमि[1] पर ग़ौर करें", डार्विन ने एक गीले झोले से एक लंबी आकृति निकाल कर कहा

"छी छी! तुम तो जहाज पर बीमारियाँ भी ले आए"

"देखिए तो सही। अब मैंने इसे बीच से आधा काट दिया (चाकू से काटते हुए)...यह अपने-आप वापस उसी आकार का हो जाएगा"

"हह! यह तो मुझे मालूम है। इसे पुनर्जनन[2] कहते हैं"

"लेकिन, यहाँ की इस ख़ास प्रजाति में एक गुण और है। अगर मैं इसे लंबाई में दो भाग कर दूँ, ताकि इसका आधा-आधा अगला सिरा दोनों हिस्से में रहे, तो क्या होगा?"

"यह मर जाएगा"

"नहीं! यह दो अलग-अलग कृमियों में बदल जाएगा"

"वाकई? फिर तो यह अजर-अमर जंतु है"

"मैं पक्का तो नहीं कह सकता, मगर मुझे ऐसा लगता है कि ये जीव इसी कारण हज़ारों वर्षों से कायम हैं। ये जल्दी मर ही नहीं सकते, बशर्ते कि इनका कचूमर ही निकाल दिया जाए"

---

1   Tapeworm

2   Regeneration

                                                    स्पीशीज वाला

"तुम्हारी यही बुरी आदत है। तुम एक साँस में हज़ारों वर्ष कह जाते हो। जबकि बाइबल के अनुमान से सृष्टि कुछ पाँच-छह हज़ार वर्ष पूर्व ही हुई। मुझे यक़ीन है कि ईश्वर ने सबसे पहले इस लिजलिजे कीड़े को तो नहीं ही बनाया होगा"

"बिल्कुल! और इस कारण बाइबल के अनुमान ग़लत…"

"डार्विन! ज़बान संभाल कर! मैं तुम्हें पहले भी चेतावनी दे चुका हूँ। कम से कम इस जहाज पर नास्तिकों के लिए जगह नहीं"

"मुझे ईश्वर की योजना पर संदेह नहीं, कप्तान! सिर्फ़ कालगणना का दोष इंगित कर रहा हूँ…यूँ भी अब हम जिन ऐण्डीज़ पर्वतों की ओर बढ़ रहे हैं, वह निस्संदेह ईश्वर की कृति हो सकती है"

काफ़िला पहाड़ों की ओर बढ़ने लगा। समुद्र से निकल कर पहाड़ों का सफ़र आसान नहीं होता। डार्विन तो मैदानी इलाक़ों में घूमे थे। बाकी जहाज़ी के लिए यह अनुकूलन कठिन था। उनकी साँस फूलने लगी थी।

"डार्विन! अच्छा हुआ आपने कप्तान की बात मान ली। ये पहाड़ तो सृष्टि की शुरुआत से ही यहाँ मौजूद होंगे", लेफ़्टिनेंट ने कहा

"सच पूछो तो अब मुझे पुनः शंका हो रही है। ये पहाड़ उम्र में कुछ युवा दिख रहे हैं"

"(हँस कर) आपसे भी युवा तो नहीं?"

"यह देखो! (पहाड़ पर हथौड़ा मार कर कुछ निकालते हुए)"

"यह तो समुद्री सीप लगते हैं। शायद यहाँ कुछ सैलानी बैठ कर भोजन कर रहे होंगे"

"मुझे ऐसा नहीं लगता। ये सिर्फ़ पहाड़ की चोटियों वाली परत में मिल रहे हैं। कई स्थानों पर। यह मानना मुश्किल है कि इतने सारे लोगों ने यूँ बैठ कर समुद्री भोजन खाया हो"

"अब इन चोटियों तक समंदर की लहरें तो नहीं पहुँच सकती"

"मेरा क़यास है कि ये पहाड़ कई भूकंपों की शृंखला से बने। समुद्र का तल उभरता गया। दो परतों के आपस में टकराव से यह एक ऊर्ध्व-मूल आकृति बन गयी…"

"मतलब?"

"मतलब यह कि पहले जो चीज सबसे गहराई में थी, वह इस मंथन से सबसे ऊँचाई पर चली गयी। समुद्र के तल में बिखरे सीप इस पहाड़ की चोटियों पर आ गए"

"आप दिन में स्वप्न तो नहीं देख रहे, दार्शनिक महोदय! भला ऐसा भी संभव है कि समंदर का तल इतना ऊँचा उठ जाए कि इन महान पहाड़ों का रूप ले ले? आप के सिद्धांत से भी इसके लिए ज्वालामुखी और सैकड़ों भूकंपों की ज़रूरत होगी"

"सैकड़ों नहीं, लाखों-करोड़ों…शायद इस वक्त भी हो रहे हों। इन पहाड़ों की तराई में"

जब ये लोग पहाड़ों से उतर कर कन्सेपसियोन इलाक़े (वर्तमान चिली) पहुँचे तो धरती अचानक कांपने लगी। लेफ़्टिनेंट ने डार्विन की ओर देखा और कहा, "इससे कुछ सिद्ध नहीं होता। यह महज़ इत्तिफ़ाक़ है"

उनके एक स्थानीय सहयात्री ने कहा, "यहाँ तो रोज की बात है। अब लोगों ने इस भूकंप में जीना सीख लिया है"

डार्विन अपनी जेब से एक सीप निकाल कर ऊपर एण्डीज की चोटियों की ओर देखने लगे। तभी उन्हें लगा कि जैसे पीठ पर एक कीड़े ने डंक मार दिया। उन्होंने पीठ खुजायी, और आगे बढ़ गए।

संभवतः यह डंक ही बाद में डार्विन की मृत्यु का कारण बना।

शोध की दुनिया में ईर्ष्या और प्रतियोगिता अक्सर हो जाती है। लोग घबराए रहते हैं कि उनका शोध कोई चुरा न लें। हम आगे पढ़ेंगे कि चार्ल्स डार्विन किस तरह वर्षों तक अपने निष्कर्ष को छपवाने से बचते रहे; लेकिन दो दशक बाद कुछ ऐसा हुआ कि उन्हें अपने पुत्री-शोक और बीमारी के बावजूद शोध प्रस्तुत करना पड़ा।

'बीगल' जहाज के कप्तान फिज़ रॉय स्वयं एक क़ाबिल जहाजी थे, और

अक्सर अपने खर्च पर अन्वेषण करते। लेकिन, युवा डार्विन के बढ़ते संग्रह और निष्कर्षों को देख कर वह कुछ असुरक्षित महसूस करने लगे थे।

"पिछले कुछ दिनों से कप्तान ने खुद को कमरे में बंद कर लिया है। बाहर निकलते ही नहीं। मिलने जाओ तो क्रोधित और बीमार दिखाई देते हैं। मुझे डर है कि वह आत्महत्या न कर लें। उनके परिवार में पहले भी लोगों ने आत्महत्या...", लेफ़्टिनेंट ने कहा

"ऐसा जहाज़ के सफ़र में हो जाता है। कप्तान यह बेहतर जानते हैं कि इससे कैसे निपटना है। आप चिंता न करें", डार्विन ने जहाज तक ले जाने वाली डोंगी की चप्पू चलाते कहा

"हमें लगता है कि वह आपके निष्कर्षों से चिंतित हैं। बुरा न मानें, मगर उन्हें लगता है कि आप ईसाइयत के खिलाफ़ षडयंत्र कर रहे हैं।"

"(हँस कर) मैं तो स्वयं ईसाइयत की शिक्षा लेकर पादरी बनने जा रहा था। यह शंका व्यर्थ है। समाज में ईसाइयत का अलग महत्व है, और विज्ञान का अलग"

"अगर आप कप्तान से बात कर सकें तो..."

डार्विन जहाज पर पहुँच कर कप्तान के कमरे में दाख़िल हुए।

"आइए दार्शनिक महोदय! आप तो अब जहाज पर नज़र आते ही नहीं। पता नहीं कहाँ-कहाँ घूमते रहते हैं"

"मुझे तो यह मालूम पड़ा कि आप कम नज़र आने लगे हैं"

"ऐसी कोई बात नहीं। कुछ तनाव है। (एक चिट्ठी बढ़ाते हुए) यह पढ़िए"

"हम्म...तो एडमिरल का मानना है कि आपके बनाए मानचित्र में कमियाँ हैं। वह आपसे नाराज़ हैं। कप्तान! आपके जितने कर्मठ व्यक्ति विरले ही होंगे। लंदन में बैठ कर ग़लतियाँ ढूँढना आसान है"

"मूल बात यह है कि एडमिरल अब आपके जैसे बुद्धिजीवियों से घिरे हैं, जो हमारी पूरी व्यवस्था ही बदलना चाहते हैं। राजतंत्र, सामंतवाद, उपनिवेशवाद, दास-प्रथा...बाइबल...सबसे बैर है उन्हें"

"मैंने पहले भी कहा है, कप्तान! मैं तो मामूली आदमी हूँ। जीव-जंतु देखता हूँ। मेरा कोई राजनीतिक उद्देश्य नहीं"

"आपके अंदर वही सोच पल रही है। आगे जाकर वह घृणास्पद होती जाएगी"

"छोड़िए यह सब बड़ी बातें! यह देखिए गोल-गोल पत्थर जो मुझे दक्षिण अमरीका के घास मैदानों में मिले थे"

"यह समुद्र किनारे मिले होंगे। मैं इन पत्थरों से खूब परिचित हूँ"

"यही तो आश्चर्य है कप्तान! यह मुख्य भूमि में मिले, जहाँ दूर-दूर तक न समंदर है, न पहाड़"

"आप फिर कोई अजीबोग़रीब सिद्धांत रचना चाहते है कि यहाँ कोई समंदर था, या बर्फ़ से लदे पहाड़ थे, वग़ैरा वग़ैरा...आप मुझे भड़काने ही आए हैं न?"

"नहीं, कप्तान! मैं तो आपका विचार सुनने आया हूँ कि आप क्या सोचते हैं"

"मैं क्या सोचता हूँ? सुनने की हिम्मत है आपमें? (खड़े होकर गुस्से में एक किताब हाथ में लिए)...यह बाइबल! इसका सृष्टि अध्याय! यही सत्य है। और कुछ नहीं। जिस अंतिम सत्य को आप तलाश रहे हैं, वह आपको सिर्फ़ क़यामत के दिन[1] मालूम पड़ेगी।"

"मुझे जान कर खुशी हुई, कप्तान! मैं आपके विचार का सम्मान करता हूँ। अब गुस्सा थूकिए, और बाहर चलिए। कितनी सुंदर धूप निकली है"

"मैं कप्तान पद से इस्तीफ़ा दे रहा हूँ। लेफ़्टिनेंट को बुलाएँ। मैं मानचित्र की ग़लतियों की ज़िम्मेदारी लेते हुए अपना पद उन्हें सौंप रहा हूँ।"

लेफ़्टिनेंट कमरे में दाखिल होते हैं।

"कप्तान! आप इस जहाज पर उस वक्त आए जब हमारे कप्तान ने आत्महत्या कर ली थी। आपने पूरा दक्षिण अमरीका तट बारीकी से मापा। मैंने इससे पहले अन्य कप्तानों के साथ भी काम किया है, मगर आपसे बेहतर कोई नहीं। मैं यह पद अस्वीकार करता हूँ"

---

1   Judgement day

                                    स्पीशीज वाला

“डार्विन महोदय! आप इस टोरी, कट्टर ईसाई और राजतंत्र प्रेमी के बारे में क्या विचार रखते हैं?”

“वही जो लेफ्टिनेंट रखते हैं, कप्तान! आप एक स्पष्ट व्यक्तित्व हैं, और मैं आपसे बहुत कुछ सीखता हूँ। अगर आप मेरे इलाक़े से चुनाव लड़ें, तो मेरा मत आप ही को जाएगा”

“(हँस कर) चलिए, इस कप्तान ने कुछ अच्छा ज़रूर किया होगा कि एक विग का मत टोरी के खेमे में डालने में सफल हुआ। बहरहाल, दार्शनिक महोदय! आप अगर मेरे इलाक़े से खड़े हों, तो कांपते हाथों से ही सही, मत आप ही को जाएगा”

इस मान-मनौव्वल के बाद जहाज दक्षिण अमरीका से पश्चिम प्रशांत महासागर में रवाना हुआ। सूरज की किरणें तीक्ष्ण हो रही थी। गर्मी अपने चरम पर थी। जहाज़ी प्यास से त्रस्त थे, और पानी की रसद खत्म हो रही थी। तभी दूर कुछ काले पहाड़ दिखने लगे। जैसे अभी-अभी सूखी ज्वालामुखी।

कप्तान फिज़ रॉय स्वयं एक डोंगी लेकर पानी की तलाश में निकले। उनके साथ बैठे चार्ल्स डार्विन को इस गरम लावा से तपती बंजर धरती पर जीवन का एक महत्वपूर्ण सूत्र मिलने वाला था।

यह द्वीप समूह गैलापागोस कहलाता था, जिसका नामकरण यहाँ के भीमकाय कछुओं की वजह से हुआ था। डार्विन हतप्रभ उन्हें देख कर सोचने लगे-गरम लावा से पटी इस धरती पर भला ये हज़ारों कछुए कहाँ से आ गए?

क्यूँकि कछुओं की चाल धीमी नहीं होती

"हमारा पहला पड़ाव चाठम द्वीप-समूह पर था, जो लगभग दो हज़ार ज्वालामुखियों से बना था। ज़मीन पूरी तरह सूखे लावा और ज्वालामुखी के मुख (क्रेटर) से ही बनी थी। मिट्टी का कहीं एक ढेला तक नहीं...भूमध्य रेखा के ठीक नीचे होने के कारण यहाँ गर्मी चरम पर थी। जगह-जगह पत्थरों के मध्य छिद्र थे, जिनसे समुद्र का जल किसी गरम झरने के फव्वारे की तरह उफनता रहती...मैं घूम-घूम कर वनस्पति तलाश रहा था, और मुझे कुछ समुद्री खरपतवार के अतिरिक्त कुछ नहीं मिला। मैं थक कर वहीं एक काले भुरभुरे पत्थर पर सो गया...जब नींद खुली तो दो भारी-भरकम कछुए मुझे घूर रहे थे। उनका वजन कम से कम दो सौ पाउंड तो होगा।

जितने कौतूहल से मैं उन्हें देख रहा था, उससे अधिक कौतूहल से वे मुझे देख रहे थे। जैसे पूछ रहे हों-(इस दुनिया में) तुम कब आए?"

—चार्ल्स डार्विन की दैनन्दिनी पर आधारित

विज्ञान की खोज का एक मुख्य पक्ष है-संयोग या Serendipidity. डार्विन की योजना में गालापागोस द्वीप-समूह नहीं था। यहाँ तो पेय जल की तलाश में संयोग से जहाज रुक गया। यह संयोग था कि जहाज़ी यहाँ जल ढूँढते रहे, और डार्विन को यहाँ अपने सिद्धांत का मूल सूत्र मिल गया। इसमें कोई दो राय नहीं कि अगर वे यहाँ नहीं आते तो शायद विकासवाद का सिद्धांत भी सोच नहीं पाते।

"इन कछुओं का पीछा करते-करते मैं कैक्टस तक पहुँचा, जिसका ग्रास दर्जनों कछुए कर रहे थे। जब मैंने पूरी रात पीछा किया, तो ये कछुए ऊपर चढ़ रहे थे। मुझे यकीन था कि इनका कोई न कोई लक्ष्य होगा। तीन रातों तक धीरे-धीरे चलते ये चोटी तक पहुँच गए। वहाँ देख कर मैं हैरान हो गया। यह तो इस रेगिस्तान

                                   स्पीशीज वाला

में नख़लिस्तान[1] था। पेय जल की सुंदर झील...मेरा यकीन मानिए, कछुए का उसकी गति से पीछा करने के लिए बहुत धैर्य चाहिए....बीच में थक कर मैं एक कछुए की पीठ पर बैठ गया, और वह बिना थके, इस मनुष्य का भार लिए चलता रहा", डार्विन ने कहा

"हा हा! आप घुड़सवार से कछुआ-सवार बन गए, चार्ल्स...एक ख़ुशख़बरी है कि यहाँ एक द्वीप पर एक अंग्रेज़ मि. लॉसन कई वर्षों से रह रहे हैं। हम उनसे मिलने जा रहे हैं", लेफ्टिनेंट ने कहा

"यहाँ कोई क्यों रहना चाहेगा?"

"(हँस कर) शायद हम अंग्रेज़ों की चमड़ी इन कछुओं से भी मोटी है। कहीं भी मिल जाते हैं। मि. लॉसन इन द्वीपों के सामंत बने हुए हैं। दक्षिण अमरीका के क़ैदियों को उनके सेवक रूप में भेजा जाता है। सजा की सजा, काम का काम..."

जब डार्विन मि. लॉसन के चार्ल्स द्वीप समूह बंगले पर पहुँचे, तो उन्होंने भोजन के लिए कछुए का माँस ही रखा था।

"आप के लिए यह ज़मीन निर्जन और बंजर है। जबकि सच यह है कि हमें बाहर से लगभग कोई भी रसद नहीं मंगानी होती। (हाथ में प्याला लिए) सिवाय शराब के...यहाँ मेरे लगभग दो सौ सेवक हैं, और सभी खा-पी कर तंदुरुस्त हैं। एक कछुआ ही हमें सौ पाउंड से अधिक मांस दे देता है। बाकी चिड़िया भी बहुतायत हैं"

"क्या इस इलाक़े में सभी कछुए एक जैसे हैं?"

"बिल्कुल नहीं। आप मुझे किसी भी कछुए का शैल दिखाएँ, मैं बता दूँगा कि वह अमुक द्वीप का है। उसके बाहर वह कहीं नहीं मिलेगा"

"कप्तान! आपको इसकी क्या वजह लगती है? अलग-अलग द्वीपों पर कछुओं की अलग-अलग नस्ल। ऐसी नस्लें जो किसी अन्य द्वीप तो क्या, दुनिया में कहीं नहीं मिलेगी..."

"इसमें क्या रहस्य है? ईश्वर ने अलग-अलग द्वीपों को अलग-अलग रूप-रंग

---

1   Oasis in desert

के कछुए दिए। जैसे अलग-अलग प्रांतों में अलग-अलग मनुष्य”, कप्तान फिज़ रॉय ने शराब की चुस्की लेते कहा

“ये ज्वालामुखी कितने पुराने होंगे, मि. लॉसन?”, डार्विन ने बात बदल कर पूछा

“ये तो अब भी तप ही रहे हैं। लावा भी पूरी तरह सूखी नहीं है। इनकी उम्र अधिक नहीं होगी”

“हाँ, तो ईश्वर की सृष्टि कोई ऐसा कारख़ाना नहीं, जो बंद पड़ा है। वे नयी नस्लें बनाते रहते हैं”, कप्तान ने कहा

“मैं आपसे सहमत हूँ, कप्तान! कछुए तो दुनिया में हज़ारों वर्षों से हैं। यह भी संभव है कि कोई कछुआ या उसका अंडा मुख्य-भूमि से मीलों दूर तैर कर यहाँ पहुँचा हो। यहाँ पहुँच कर उसने स्वयं को अनुकूलित किया हो, और इस दौरान उसके आने वाली नस्लों में धीरे-धीरे एक स्थायी बदलाव आया हो?”

“ठीक है। और कुछ?”

“नहीं, और कुछ नहीं, कप्तान!”

डार्विन ने कप्तान से सहमति तो जता दी, लेकिन उनके मन के एक कोने में यह हलचल भी चल रही थी कि कछुए का मुख्य-भूमि से यहाँ आना लगभग असंभव है। अगर ऐसा होता तो इनमें से कुछ कछुए इतनी सदियों में मुख्य-भूमि का रुख़ भी करते।

“क्या यह संभव है कि समुद्र से जब ज्वालामुखी उभर कर इस द्वीप-समूह में तब्दील हुई, तो वह अपने साथ समुद्री तलहटी से जैविक अंश लायी। वे धीरे-धीरे…”, डार्विन ने कहा

“इन मोटे शैल वाले दो सौ पाउंड के कछुओं में बदल गये…हा हा हा…”, लेफ़्टिनेंट ने हँस कर कहा

तभी डार्विन की नज़र एक विचित्र सरीसृप पर पड़ी। कांटेदार इगुआना की तरह, किंतु लिजलिजी काली त्वचा लिए।

"दार्शनिक महोदय! आप अगर मुझसे पूछें कि कौन सी चीज ईश्वर ने नहीं बनायी, तो यह बदसूरत जीव। यह ईश्वर की रचना क़तई नहीं हो सकती", कप्तान फिज़ रॉय टहलते हुए आ गए थे

"यह बदसूरत नहीं है, कप्तान! बल्कि यह मेरी नज़र में इकलौता ज़मीन पर रहने वाला सरीसृप है, जो तैर कर समुद्र की गहराई में जाता है, और वहाँ से भोजन कर लौटता है। जैसे यह समुद्र का ही जीव हो, जिसे संयोग से धरती पर रहना पड़ गया हो…"

"हम्म…फिर तो इसने अवश्य कोई पाप किया होगा और इसी कारण…"

"सावधान कप्तान! आप पुनर्जन्म की बात कर रहे हैं…"

"हा हा! आपने मुझे फंसा दिया, दार्शनिक महोदय। चलिए, एक सुझाव देता हूँ। आप जब लंदन पहुँचे, तो एक ठोस सिद्धांत तक पहुँचें। यूँ ऊलजलूल बातें न बनाएँ"

"गालपगोस के चिड़िया निश्चिंत अपनी डाल पर बैठे रहते हैं। मैं उनके काफ़ी करीब चला गया, फिर भी वे नहीं उड़े। आखिर मैंने जब अपनी बंदूक निकाल कर उसके कुंदे से चिड़िया को छुआ, तो उसने कुछ अंगड़ाई जैसी ली और उड़ गयी। संभवतः उनके अंदर यह प्रतिक्रिया अब तक नहीं विकसित हुई, क्योंकि वे निर्जन द्वीप पर रहे। उन्हें मनुष्य से ख़तरे का ख़ास अनुभव नहीं", डार्विन ने कहा

"अब ऐसी बात नहीं रही, चार्ल्स! पिछली सदियों में जब से हमारे जहाज़ी द्वीप-द्वीप छानने लगे हैं, वे सैकड़ों पशु-पक्षियों को मार कर ले जा रहे हैं। यूँ तो हम भी भोजन के लिए उन्हें मारते हैं, लेकिन ख़ामख़ा दर्जनों कछुओं को पकड़ कर नहीं ले जाते। हम शौक़ के लिए चिड़िया नहीं मारते।", मि. लॉसन ने कहा

"आपकी नज़र में इन कछुओं की जनसंख्या घट रही है?"

"अभी तो हज़ारों कछुए हैं। बल्कि साल-दर-साल बढ़ते ही जा रहे हैं। लेकिन, जब से इक्वाडोर नामक प्रांत बसना शुरू हुआ है, पशुओं के लिए ख़तरा तो बढ़ ही रहा है। मुझे लगता है कि एक सदी बाद ये कछुए सिर्फ़ चिड़ियाघरों में दिखेंगे"

मैंने इस संस्मरण को पढ़ने के बाद यूँ ही कुछ तफ़तीश की, तो पता लगा कि जहाँ उस वक्त ढाई लाख कछुए हुआ करते थे, 2024 में सभी द्वीपों को मिला कर अठारह हज़ार रह गए हैं। हाँ! पर्यटकों को आकर्षित करने के लिए एक द्वीप का नामकरण 'डार्विन द्वीप' कर दिया गया है।

डार्विन के गलापागोस द्वीप संस्मरण के आख़िरी पन्नों में एक चिड़िया का मामूली ज़िक्र है। सिर्फ़ एक वाक्य में। यह बात चौंकाती है, क्योंकि डार्विन का विकासवाद का सिद्धांत ही इस चिड़िया पर आधारित है। इस चिड़िया को अब 'डार्विन फिंच' ही बुलाया जाता है।

आइजैक न्यूटन ने कहा था, "सत्य सहज और स्पष्ट होता है। अगर आप कई (भ्रामक) कथन एक साथ सुन रहे हों, तो उनमें सत्य न तलाशें। सत्य कहीं कोने में चुपचाप शांत मिलेगा"

शोध में अक्सर वही चीज काम की होती है, जिस पर हम सबसे कम ध्यान देते हैं।

डार्विन ने बाद में कुछ यूँ लिखा,

"मेरा ध्यान उस फ़िंच चिड़िया पर शायद कभी न जाता। वह उस द्वीप पर सबसे उपेक्षित चिड़िया थी, जिसमें उस वक्त आकर्षित करने के लिए कुछ नहीं था। मैंने संग्रह के लिए तमाम चीजों में वह चिड़िया भी रख ली थी। यह तो वर्षों बाद ही मैंने ग़ौर करना शुरू किया, कि यह सबसे महत्वपूर्ण कड़ी थी।

एक ही द्वीप से लाए ये फ़िंच एक-दूसरे से अलग थे। उनकी चोंच का आकार बदलता जा रहा था। किसी की ख़ासी लंबी, तो किसी की मोटी। किसी की पैनी, किसी की छोटी। हर चिड़िया के पंख और पंजों में भी काफ़ी अंतर थे।

अलग-अलग स्थानों पर, अलग-अलग वातावरण में यह बदलाव समझ आता है। लेकिन एक ही छोटे से द्वीप पर एक चिड़िया की इतनी नस्लें तो पूरे दक्षिण अमरीका मुख्य भूमि में नहीं। ऐसा क्यों हुआ होगा?

क्या यह संभव है कि ये चिड़िया अलग-अलग कार्यों के लिए खुद को विकसित करने की चेष्टा कर रही हो? किसी चिड़िया को पेड़ पर चोंच मारनी है, किसी को समंदर में, किसी को सख़्त पदार्थों पर, किसी को कोमल चीजों पर...

क्या यह चिड़िया धीरे-धीरे क्रमिक विकास की ओर बढ़ रही है? क्या हम एक ही स्थान पर उन सीढ़ियों को देख रहे हैं, जिस पर चढ़ कर यह एक परिपक्व नस्ल में बदलेगी? क्या यह मुमकिन है कि इनमें से कुछ ही नस्ल संघर्ष में आगे बढ़ेगी? वही जिसमें वे सभी गुण समाहित हों, जो लंबे समय तक उसकी पीढ़ियों को बचा सकें?

आखिर जो योग्य होगी, वही बचेगी"

1. Geospiza magnirostris.
2. Geospiza fortis.
3. Geospiza parvula.
4. Certhidea olivasea.

✳

दक्षिण अमरीका से एक लंबा चक्कर लगा कर 'बीगल' जहाज इंग्लैंड की ओर बढ़ रहा था। इस मध्य ताहिती के अर्धनग्न मूल निवासी, न्यूज़ीलैंड और ऑस्ट्रेलिया में अंग्रेज़ों के बागान और लगभग नगण्य मूल निवासी, मलय और मॉरीशस के केले-गन्ने के बागान दिखे। लेकिन, सिवाय पानी के बगीचे (ग्रेट बैरियर रीफ़) के डार्विन को किसी चीज ने ख़ास आकर्षित नहीं किया। ऐसा लगता है कि मानवों या किसी रीढ़धारी प्राणी में डार्विन की बहुत अधिक रुचि नहीं थी। कीड़े-मकोड़े, सरीसृप, पक्षी, वनस्पति, ज्वालामुखी आदि अधिक आकर्षित करते।

"इंग्लैंड पहुँच कर आपकी क्या योजना है, डार्विन?", कप्तान फिज़ रॉय ने पूछा

"पता नहीं। फ़िलहाल तो घर पहुँच कर आराम करुँगा"

"हाँ! अब आप पादरी बनने से तो रहे। बाइबल भी भूल गए होंगे"

स्पीशीज वाला

"ऐसी बात नहीं। मगर हाँ, मुझे डर है कि कभी गिरजाघर में कुछ उल्टे-सीधे प्रश्न मुँह से निकल गए, तो दिक्कत हो जाएगी"

"(ठहाका लगाते हुए) कम से कम मैं तो तुम्हारे गिरजाघर कभी नहीं जाने वाला"

"अभी कैम्ब्रिज में जो संग्रह भिजवाए हैं, उनकी सूची बनानी है। उसी में व्यस्त रहूँगा"

"और तुम्हारी दैनन्दिनी? उसे नहीं छपवाओगे?"

"मुझे कौन पढ़ेगा? मैं आपकी तरह कोई प्रतिष्ठित व्यक्ति नहीं हूँ। मैं तो कैम्ब्रिज और एडिनबरा से ड्राप-आउट विद्यार्थी हूँ"

"हम्म...तुम चाहो तो मेरी आने वाली यात्रा-संस्मरण में एक परिशिष्ट डलवा सकता हूँ-सहयात्री डार्विन के वनस्पति-जीवों आदि पर नोट।"

"आप चाहें तो डाल दें। लेकिन मेरा लिखा कुछ ख़ास नहीं"

"देखो, डार्विन! ऐसे मौक्रे छोड़ने नहीं चाहिए। मेरी किताब इंग्लैंड में कई लोग खरीदेंगे। तुम भी इसी बहाने लोकप्रिय हो जाओगे"

"जैसा आप ठीक समझें, कप्तान!"

मॉरीशस से जब जहाज निकला, कप्तान जहाज के डेक पर खड़े होकर सभी जहाजियों को अपना अंतिम वक्तव्य देने लगे,

"हे परमेश्वर! आपने हम जहाजियों को इस लंबी यात्रा में अपनी महाशक्ति के एक अंश दिया, इसके लिए आपका धन्यवाद!

हमारे जो मित्र इस यात्रा में अंतिम साँसें लेकर आपकी शरण में गए, उनके परिवार के लिए हमारी प्रार्थना!

इस यात्रा में आपके द्वारा बनायी गयी इस सृष्टि (डार्विन की ओर देख मुस्कुराते हुए) के तमाम जीव-जंतुओं को अगर हमारे कारण कोई कष्ट हुआ हो, इसके लिए क्षमा! आमीन!"

डार्विन के साथ अन्य जहाजियों ने कहा, "आमीन"

प्लाइमाउथ पहुँच कर कप्तान ने डार्विन से कहा, "अब हम शायद किसी जहाज पर फिर कभी न मिलें। मैंने अब विवाह कर राजनीति में जाने का निर्णय लिया है"

"अरे वाह! एक साथ दो अच्छी ख़बरें! आपके नाम तो अब अखबारों में पढ़ूँगा। आपको जल्द ही प्रधानमंत्री रूप में देखना चाहूँगा"

"अभी उसमें वक्त है। लेकिन, इंग्लैंड पर टोरी सत्ता बनी रहे, इसके लिए कोशिश तो करूँगा ही। बहरहाल, किताब के सिलसिले में मिलो, लंदन में! अपनी जो भी छोटी-मोटी डायरी है, उसे भिजवा दो! मैं एक बार देख लूँगा"

"आप तो उसके सभी सवालिया हिस्से काट-छाँट देंगे, कप्तान"

"नहीं! निश्चिंत रहो! मैं अपनी असहमति फुटनोट में डाल दूँगा, मगर कोई छेड़-छाड़ नहीं करुँगा"

"मुझे यक़ीन है, कप्तान! आप इस मामले में सच्चे टोरी हैं। विवाह की शुभकामना!"

"तुमने अपने लिए कोई लड़की देखी या नहीं? तुम्हें तो कोई दार्शनिक ही ढूँढनी होगी"

"हम्म…जहाज पर कुछ चिट्ठियाँ तो मिली थी। मगर दो मुश्किलें हैं"

"कैसी मुश्किलें?"

"पहली यह कि वह मेरे निकट परिवार से है। उसके पिता ने ही मेरी जहाज यात्रा की सिफ़ारिश की थी। (हँस कर) दूसरी यह कि वह आपसे भी दो सीढ़ी ऊपर की ईसाई है"

"चलो! कम से कम घर में एक सद्-बुद्धि तो रहेगी, जो इस दार्शनिक को ईश्वर के विरुद्ध नहीं जाने देगी"

क्यूँकि मनुष्य एक सामाजिक प्राणी है

एक लंबी जहाज यात्रा ने चार्ल्स डार्विन में ऐसे बदलाव किए कि वह बीमार और कमजोर रहने लगे। अगले दो दशक उन्होंने ऐसे बिताए कि किसी के लिए यह सोचना कठिन था कि यह व्यक्ति कोई सिद्धांत भी रचेगा। यूँ भी घर-परिवार में उलझे लोगों के पास इतना वक्त कहाँ?

"लगता है, वे लोग आ गए, पापा!", एम्मा ने खिड़की से झाँकते हुए कहा

"तुम्हें चार्ल्स से मिलने की कुछ ज़्यादा जल्दी नहीं?", मि. वेजवुड ने छेड़ते हुए कहा

"(झेंप कर) मुझे क्या? आपने ही तो जहाज-यात्रा की सिफ़ारिश की थी। मैं तो सिर्फ़ बग्घी आने की सूचना दे रही हूँ"

चार्ल्स डार्विन और उनके पिता बग्घी से उतरे

"आओ चार्ल्स! कैसी रही बीगल की यात्रा? पाँच साल में तुम तो बूढ़े लगने लगे हो", वेजवुड ने कहा

"चचा! पाँच साल में तो दुनिया बदल जाती है...एम्मा को ही देखिए! मैं जब गया था तो झूला झूलती छोटी बच्ची थी"

"हाँ! अब तो सजने-सँवरने में सारा वक्त बर्बाद करती है। पहले से कुछ सुंदर हुई भी या नहीं?"

"बिल्कुल नहीं! (मुस्कुरा कर एम्मा को निहारते हुए) जो लोग इतने सुंदर हों, उनमें अधिक सुंदर होने के विकल्प कम ही होते हैं"

"हम्म! मतलब अभी दिल से बूढ़े नहीं हुए, बच्चू!", वेजवुड ने कहा

चार्ल्स के पिता रॉबर्ट डार्विन वेजवुड को किनारे में लेकर गए, और कहा,

"अगर तुम अपनी बेटी के विवाह के विषय में सोच रहे हो, तो यह विचार

त्याग दो। चार्ल्स लौटने के बाद बीमार रहने लगा है। आधे घंटे चलने के बाद साँस फूलने लगती है। खाली बैठे ही थक जाता है”

“तुम तो डाक्टर हो, इलाज करो”

“पता नहीं, कौन सी जंगली बीमारी लेकर लौटा है। मेरी तो समझ के बाहर है। मुझे लगता है कि इसका हृदय कमजोर हो रहा है”

“देखो! हमारे बच्चे क्या फ़ैसला लेते हैं, उन पर छोड़ दो। एक अच्छी मदीरा[1] पड़ी है मेरे पास। पीओगे?”

चार्ल्स और एम्मा बगीचे में टहलने लगे।

“हाँ, तो क्या-क्या नयी चीजें देखने को मिली? (हँस कर) तुम तो कीड़ों-मकोड़ों का ज़ख़ीरा ही ले आए होगे”

“हाँ! इतनी चीजें ले आया कि अब गिनने में ही महीनों लग जाएँगे”

“तुम वापस कैम्ब्रिज जाने की सोच रहे हो?”

“नहीं नहीं! तुम्हें तो मालूम ही है, मैं पढ़ाई में फिसड्डी हूँ। अब और पढ़ाई नहीं”

“फिर क्या करोगे? पादरी तो तुम्हें बनना नहीं”

“(हँस कर) कैरोलिन (डार्विन की बहन) ने कहा?...जहाज के कप्तान के साथ एक पुस्तक की बात चल रही है। भूगर्भशास्त्री ल्येल महोदय ने भी मेरे संकलन में रुचि दिखलायी है। मुझे खुद कहीं छपने-छपाने में रुचि नहीं। मैं तो लंबा आराम करना चाहता हूँ”

“अच्छा! यह सब छोड़ो! तुम्हें मैं कैसी लगती हूँ?”

“(एक डायरी जेब से निकाल कर) तुम मेरे सामने बैठ जाओ, तो कुछ दर्ज़ कर निष्कर्ष तक पहुँचूँ?”

“(ग़ुस्से में मुड़ कर जाते हुए) मैं क्या तुम्हें अपने जीव-जंतुओं की तरह नज़र आती हूँ?”

---

1   पुर्तगाली वाइन

        स्पीशीज वाला

"बैठो तो सही! क्या पता मैं तुम्हारी तारीफ़ में एक सुंदर कविता लिख डालूँ"

"मुझे मालूम है तुम किस लायक़ हो! चिट्ठियों में भी सिर्फ़ तितलियों और चिड़ियों की बातें...."

एम्मा गुस्से में बोलती रही, डार्विन बैठे-बैठे डायरी में कुछ लिखते रहे।

आखिर एम्मा के मुँह पर हाथ रख कर कहा, "मुझसे विवाह करोगी, एम्मा?"

[वर्षों बाद जब डार्विन की वह डायरी सार्वजनिक हुई, तो उसमें लिखा मिला-

विवाह करने के फ़ायदे-निरंतर साथी, बुढ़ापे का साथी, कुत्ते से बेहतर साथी, प्रेम और मनोरंजन, गृहस्थी, संगीत और स्त्री-हास्य, खूब सारे बच्चे

विवाह करने के नुक़सान-झगड़े, घूमने पर पाबंदी, समाज में बंधन, दोस्तों के साथ मनोरंजन का घटना, ख़ामख़ा के रिश्तेदार बढ़ना, किताबों के लिए पैसे घटना, किताब पढ़ने की संभावना घटना, बच्चों के ढेर सारे खर्च और चिंता

अंतिम निर्णय-विवाह कर ही लिया जाए]

"मैंने तीन साल लंदन में जैसे-तैसे गुजारे। वहाँ की दुनिया मेरे जैसे लोगों के लिए नहीं थी। एक (लॉर्ड) मकाले महोदय थे, जो इतिहास पर ज्ञान देते, लेकिन उनका कोई प्रतिवाद नहीं करता। जैसे उनकी कही बात ही अंतिम सत्य हो... थॉमस कार्लाइल खुद को इतना ऊँचा समझते जैसे सामने वाले की कोई औक़ात ही नहीं। एक बार उन्होंने भोजन पर लोगों को डाँटा कि खाते वक्त बात न करें। इस चुप्पी का महत्व समझाने के लिए उन्होंने एक घंटे का भाषण दे डाला!...जिस तरह वह दास-प्रथा को सही ठहराते और वैज्ञानिक चीजों को ग़लत, मुझे लगने लगा कि ऐसे लोगों से दूरी ही भली...मैंने हमेशा के लिए लंदन छोड़ कर किसी शांत इलाक़े में रहने का फ़ैसला कर लिया, जहाँ मेरे मतलब की चीजें हों। पेड़-पौधे, पशु-पक्षी...मैं न किसी पार्टी में जाता, न अधिक लोगों से मिलता। अपने घर की परिधि में ही रह गया। शायद ही किसी ने अपना जीवन मेरी तरह घर में आराम करते बिता दिया हो।"

–चार्ल्स डार्विन की आत्मकथा पर आधारित

लंदन, 1839

"आओ चार्ल्स! एक अच्छी ख़बर है कि मुझे चुनाव में खड़े होने कहा गया है। जल्द ही संसद पहुँचूँगा", कप्तान फिट्ज़ रॉय ने तन कर कहा

"वाह! यह तो बहुत अच्छी ख़बर है। और आपकी किताब?"

"किताब भी इसी वर्ष प्रकाशित हो रही है। तुम्हारे लिए एक अच्छी और एक बुरी खबर है। पहले क्या सुनना पसंद करोगे?"

"आप दोनों एक ही साथ सुना दें, कप्तान!"

"बुरी खबर यह है कि तुम्हारी डायरी परिशिष्ट में नहीं डाल सकता। यह मेरी राजनीति के लिए उचित नहीं होगा...लेकिन अच्छी खबर यह है कि प्रकाशक तुम्हारी डायरी एक अलग पुस्तक रूप में छापना चाहते हैं-चार्ल्स डार्विन की बीगल यात्रा"

"वे आपको नाराज़ नहीं करना चाहते होंगे। वरना मेरी डायरी कौन पढ़ेगा?"

"चार्ल्स! अब प्रकाशकों की दुनिया भी तुम जैसों को ही छापना चाहती है। किसी भी तरह ईसाई स्थापना का विरोध हो, वे छाप देंगे"

"लेकिन मेरी डायरी में तो ऐसा कोई ज़िक्र ही नहीं। उसमें तो जीव-जंतुओं के नीरस विवरण हैं..."

"आज-कल के बुद्धिजीवी ऐसी बातों को घुमा कर कहना खूब जानते हैं। तुमने जो लिखा, सो लिखा। उनके निष्कर्ष उनके हिसाब से होंगे"

"आपसे कुछ सहमत हूँ, कप्तान! इन बुद्धिजीवियों से तो मैं भी पक गया हूँ। लंदन छोड़ कर जा रहा हूँ। आखिर घर-परिवार भी तो संभालना है"

"अरे हाँ! अब तो तुम परिवार वाले हो गए! बहुत बधाई! लेकिन पुस्तक प्रचार के लिए यहाँ रुकना बेहतर होगा"

"आपने ही तो कहा कि मैंने जो लिख दिया, सो लिख दिया। अब प्रचार वग़ैरा में मेरी कोई रुचि नहीं। ये सब प्रकाशकों के चोंचले हैं, वे ही जाने"

"कहाँ बसने जा रहे हो?"

"लंदन से बहुत दूर नहीं। सरे काउंटी में एक घर देखा है"

"फिर तो आते-जाते रहोगे। मैं सांसद बनने के बाद व्यस्त हो जाऊँगा, लेकिन संपर्क में रहना"

"कप्तान! मेरी तबीयत ठीक नहीं रहती। कहीं आना-जाना मुश्किल हो रहा है। यूँ भी आपको तो मालूम ही है कि मैं लोगों के बीच असहज रहता हूँ। चिट्ठी लिखा करुँगा....(लेफ़्टिनेंट को देख कर) अरे! लेफ़्टिनेंट आप भी यहीं है?"

"यह अब लेफ़्टिनेंट नहीं रहे, कप्तान बन गए हैं। मेरी जगह इन्होंने ही ली है", फिज़ रॉय ने कहा

"नहीं कप्तान! आपकी जगह कौन ले सकता है? जो थोड़ा-बहुत सीखा है, आपसे ही तो सीखा है"

"चलिए, आप लोग अब फ़ौजियों वाली बातें करें। मैं चलता हूँ", डार्विन ने विदा लिया

डार्विन के जाने के बाद फिज़ रॉय ने युवा कप्तान से कहा,

"तुमने डार्विन की डायरी पढ़ी? मैंने तुम्हें एक नकल भिजवायी थी"

"कमाल की डायरी है, कप्तान! वाकई कितना कुछ देख लिया उन्होंने। पढ़ते हुए लगा ही नहीं कि मैं भी उस यात्रा में शरीक था"

"यही तो! उसने कहीं भी तुम्हारा ज़िक्र नहीं किया। किसी का धन्यवाद नहीं किया। जैसे हम वहाँ थे ही नहीं। ऐसे एहसान-फ़रामोश लोग कहाँ से आते हैं?"

"कप्तान! आप सही कह रहे हैं। चार्ल्स डार्विन जैसे लोग न जाने कहाँ से आते हैं। उनकी अलग ही दुनिया है, जो हमारी-आपकी उस दुनिया से अलग है, जहाँ सलाम न करने पर कोर्ट मार्शल हो जाता है"

"क्या मतलब?"

"आप बुरा न मानें, कप्तान! वह दार्शनिक मिज़ाज के व्यक्ति हैं। पेड़-पौधों, जीव-जंतुओं की हर बारीक़ बात लिखने में इतने रम गए कि हमें ही भूल गए। दुनिया में ऐसे दो-चार लोगों की जगह भी तो होनी चाहिए"

"यह तुम्हारा मत है, जिसका मैं सम्मान करता हूँ। लेकिन मुझे अब भी लगता है कि जहाज पर हमने साँप पाल रखा था, जो हमारी ईसाइयत को डस लेगा... देखना, कप्तान! एक दिन मेरी यह चेतावनी सच निकलेगी"

एक व्यक्ति जिसने विज्ञान की पढ़ाई नहीं की हो, कोई बड़ी डिग्री न रखता हो, उसके लिए वैज्ञानिकों के साथ उठना-बैठना कठिन हो जाता है। उसकी बातों को कोई भी विशेषज्ञ गंभीरता से नहीं लेता। मसलन लेमैत्रे का उदाहरण लें, तो वह एक पादरी थे। जब उन्होंने 'बिग बैंग' का सिद्धांत सोचा तो अन्य पादरी नाराज़ हो गए, क्योंकि वह ईश्वर द्वारा सृष्टि के विपरीत था। वहीं जब वह भौतिकीशास्त्रियों के पास पहुँचे, तो उन्हें तवज्जो नहीं मिली। जैसे-तैसे वह अल्बर्ट आइंस्टाइन के पास पहुँचे, जिन्होंने आखिर उन्हें सुना। लेकिन उन्होंने भी कहा,

"तुम्हारी गणना तो ठीक लगती है, किंतु तुम्हारी भौतिकी वाहियात (abominable) है"

चार्ल्स डार्विन की स्थिति मिलती-जुलती थी। उनको वैज्ञानिक दुनिया इसलिए ख़ास भाव नहीं दे रही थी, क्योंकि उन्होंने पारंपरिक रूप से विज्ञान पढ़ा ही नहीं था। ऐसे में उनके सिद्धांत कोई क्यों सुनता? किंतु, कुछ वैज्ञानिक ऐसे होते हैं जो विज्ञान की दुनिया के बाहर के लोगों को भी सुनते हैं। कई बार इससे नयी दिशा मिलती है।

चार्ल्स ल्येल प्रसिद्ध भूगर्भशास्त्री थे, जिन्होंने इस विज्ञान के महत्वपूर्ण सिद्धांत दिए थे। वह डार्विन की दैनन्दिनी और संकलन से प्रभावित हुए।

"मैंने तुम्हारे संस्मरण पढ़े, और कैम्ब्रिज में जो तुमने अपने संग्रह जमा कराए हैं, वह देखे। मुझे लगता है कि इस पर शोध किया जा सकता है, किंतु समस्या यह है कि मेरे पास वक्त नहीं"

"आपको पसंद आए? महोदय! मुझे कप्तान ने जहाज पर एक किताब पढ़ने दी थी-'भूगर्भशास्त्र के सिद्धांत'! आप नहीं जानते कि मैं कितना खुश हूँ कि आज उस पुस्तक के लेखक के सामने बैठा हूँ"

"तुमने पढ़ी? कुछ मदद मिली? भारी-भरकम गणित ने परेशान तो नहीं किया?"

"बिल्कुल नहीं। (हँस कर) गणित के पन्ने छोड़ कर मैं आगे बढ़ जाता था"

"यह ख़राबी तो है हम अकादमिक विज्ञान लिखने वालों में। आम जनता इससे कन्नी काटने लगती है। मुझे लगता है कि विज्ञान आम भाषा में भी लिखी-पढ़ी जानी चाहिए। तुम्हारी डायरी में कितनी बातें सहजता से लिखी है, जिससे मैं भी अनजान था"

"कौन सा हिस्सा आपको ख़ास पसंद आया?"

"प्रवाल-भित्तियों[1] पर तुमने अच्छा लिखा है। किंतु खुल कर नहीं लिखा। मुझे लगता है तुम्हारे मन में कुछ है, जिसे कहने से घबरा रहे हो"

"आपने सही भाँपा। आप आज्ञा दें तो मैं अपनी बात कहूँ। क्षमा चाहता हूँ, किंतु मेरी सोच आपके सिद्धांत के विपरीत है।"

"जानते हो चार्ल्स! वैज्ञानिक और अवैज्ञानिक सोच के व्यक्तियों में क्या अंतर है? अवैज्ञानिक सोच के लोगों को अपनी बात अंतिम सत्य लगती है। वे इसका प्रतिवाद सुनना पसंद नहीं करते…"

"जबकि वैज्ञानिक सोच के लोग स्वयं भी अपने सिद्धांत पर शंका करते रहते हैं"

"बिल्कुल सही! अगर कोई यह सिद्ध कर दे कि मेरे सिद्धांत ग़लत हैं, तो मुझे दो कारणों से खुशी होगी। पहला यह कि उसने यह सिद्ध करने के लिए मेरे सिद्धांत को आधार बनाया। दूसरा यह कि दुनिया को मेरे सिद्धांत का परिष्कृत रूप मिला। विज्ञान एक सतत प्रयोग का फल ही तो है।"

"अब मैं बेहतर महसूस कर रहा हूँ, महोदय! जैसे मन से एक बड़ा भार उतर गया। प्रवाल-भित्ति के संबंध में आप मानते रहे हैं कि ये दरअसल समुद्र के तल से उभरती ज्वालामुखी रही होगी। इसी कारण इसके आकार ज्वालामुखी के मुख (क्रेटर) की तरह गोल हैं"

---

1   Coral reef

"गोल नहीं, लेकिन हाँ! ज्वालामुखी के बिखराव से बनी एक शृंखला की तरह, जिस पर धीरे-धीरे प्रवाल उग आए"

"समस्या यह है कि इस तरह के प्रवाल समुद्र की तलहटी में ही पनप सकते हैं। ज्वालामुखी से बने द्वीप जैसे गलापागोस की वनस्पति पूरी तरह भिन्न है। वहाँ इस तरह के प्रवाल नहीं"

"किंतु समुद्र की तलहटी आखिर जल की ऊपरी सतह तक कैसे आ सकती है?"

डार्विन ने अपनी जेब से एक रबर की कटोरी निकाली, और उसमें पानी भर दिया। फिर अपनी उंगली नीचे लगा कर पेंदी उठाने लगे। पानी छलक कर गिरने लगा।

"क्षमा करिए! मैंने आपकी कालीन ख़राब कर दी", डार्विन ने कहा

ल्येल चुपचाप यह तमाशा देखते रहे। उनकी भृकुटी तन गयी। जैसे क्रोधित हो रहे हों। अपनी मेज पर एक काग़ज़ निकाल कर कुछ लिखने लगे।

थोड़ी देर बाद वह मुस्कुराए और कहा, "संभव है। यह वैज्ञानिक रूप से भी संभव है। इसका विज्ञान ज्वालामुखी से मिलता-जुलता ही है, लेकिन इसकी गति कम है। हज़ारों वर्ष लग जाएँगे इस प्रक्रिया में। इसके लिए दो चीजें ज़रूरी हैं…"

"ज़मीन का उठना और पानी की सतह का कम होना"

"हाँ! इस प्रक्रिया में न सिर्फ़ ये प्रवाल-भित्ति बल्कि बड़े भू-खंड भी बने होंगे"

"जैसे-दक्षिण अमरीका का बड़ा भाग…ऑस्ट्रेलिया…कई ऐसे द्वीप समूह जिनकी सतह ज्वालामुखी जैसी नहीं"

"हाँ! ये जल-सेतु की तरह हो सकते हैं जो प्रशांत महासागर का जल-स्तर घटने से बने हों। तुम इसे विधिवत लिख कर प्रकाशित करो"

"महोदय! यह मुझसे संभव नहीं कि भूगर्भशास्त्र पर शोध-पत्र लिख दूँ। वह भी ऐसा सिद्धांत जो आपके जैसे महान वैज्ञानिक की बात काटता हो। मुझे क्षमा करें।"

"देखो! लिखने के लिए तो मैं लिख दूँ या किसी शोधार्थी से लिखवा लूँ। लेकिन यह तुम्हारी सोच है। इसका अधिकार मात्र तुम्हें मिलना चाहिए"

"आप मुझे सह-लेखक रूप में डाल दें"

"यह भी उचित नहीं होगा, क्योंकि लोग सोचेंगे कि यह मेरा ही सिद्धांत है। चार्ल्स! यह कार्य तुम्हें अकेले ही करना होगा। मैं लिखने में सहायता कर दूँगा, किंतु लेखक और प्रतिपादक तुम ही रहोगे।"

"जैसा आप उचित समझें, महोदय! (हँस कर) मैं पहले आपकी किताब के वह पन्ने पढ़ लेता हूँ जिसे कठिन मान कर छोड़ दिया था। गणित का अभ्यास भी करता हूँ। ताकि वैज्ञानिकों के समक्ष पीठ सीधी कर अपना शोध प्रस्तुत कर सकूँ"

"हा हा! चार्ल्स! वैज्ञानिक इतने भी खड़ूस नहीं होते। तुम अपनी भाषा और समझ से ही लिखो, जैसे तुमने इस कटोरी के माध्यम से समझाया। यही विज्ञान की उचित दिशा है।"

"अक्तूबर 1838 की एक शाम मैं यूँ ही आरामकुर्सी पर बैठे माल्थस द्वारा जनसंख्या पर टिप्पणी पढ़ रहा था। यूँ तो यह विषय मेरे लिए नीरस था, लेकिन इसे पढ़ते हुए मैं अचानक उठ कर उनकी बातें दोहराने लगा-जनसंख्या बढ़ती जाएगी, और एक दिन इस जनसंख्या के लिए पर्याप्त भोजन नहीं होगा...भुखमरी, बीमारी, युद्ध और आपदा का ऐसा कुचक्र चलेगा कि जनसंख्या पुनः घटती चली जाएगी।

क्या यह बात समस्त जीव-जंतुओं के लिए कही जा सकती है? क्या इस संघर्ष का एक पक्ष यह है कि प्रजातियाँ स्वयं में बदलाव करेगी? कमजोर प्रजातियाँ खत्म होती जाएगी...ताकतवर प्रजातियाँ बढ़ती जाएगी?"

–चार्ल्स डार्विन अपनी आत्मकथा में

जब सरे काउंटी के अपने घर में चार्ल्स डार्विन रहने लगे, तो परिवार और अपनी बीमारी में उलझे रहे। उनके कुल दस बच्चे हुए, जिनमें विलियम सबसे बड़े थे। दो बच्चे अल्पायु ही मर गए।

वह बच्चों को बिठा कर उन्हें कहानियाँ सुनाते। अपनी पत्नी एम्मा के साथ हर शाम बैठ कर बैकगैमन (चौसर जैसा एक खेल) खेलते। उनकी डायरी में बाक़ायदा उस खेल के परिणाम दर्ज़ हैं[1]

"पिछले महीनों से तुम जीतने लगी हो, एम्मा! लगता है अकेले में रियाज कर रही हो?"

"मैं रियाज नहीं कर रही। तुम्हारा दिमाग कमजोर हो रहा है। (डायरी में दर्ज़ करती हुई) अब तुम्हारे हो गए 1740 जीत, और मेरे 1410"

"तीन सौ से अधिक का फ़र्क अब भी है"

"पहले मैं खेल ठीक से जानती नहीं थी। पिछले चार सौ में तीन सौ मैंने जीते हैं।

"अरे, इतने भी नहीं जीते होंगे। हाँ! बीमारी तो बढ़ती ही जा रही है। सुना है एक नए डाक्टर आए हैं, जो पानी से उपचार करते हैं-हाइड्रोथेरापी। उनके पास जाने की सोच रहा हूँ"

"समंदर में ही बीमार हुए। अब इलाज भी डूब कर ही करवाओगे? मैंने एक अच्छे चिकित्सक को संदेश भेजा है। उनकी दवाई ले लो"

"ये ख़ामख़ा के रसायन मैं तो नहीं लेने वाला। मेरे लिए तो प्रकृति ही बेहतर उपचार है"

"कम से कम गिरजाघर ही चल लिया करो। पादरी इन्नेस तुम्हें ढूँढते रहते हैं। उनकी प्रार्थना में बहुत शक्ति है"

"अब डाक्टर से सीधे पादरी तक आ गयी? ईश्वर से प्रार्थना के लिए तो तुम ही काफ़ी हो। यूँ भी अपने पादरी इन्नेस से तो मैं रोज ही टहल पर मिलता हूँ"

"तुम तो उनसे ख़ामख़ा विवाद करते रहे हो..."

"मैंने तो सिर्फ़ यह कहा कि आपके ईश्वर की सृष्टि के बाद भी जीव बदलते रहे होंगे। आज भी बदल रहे हैं। इसमें कौन सी विवाद वाली बात हो गयी?"

---

1 एम्मा डार्विन की मृत्यु के समय आखिरी स्कोर था चार्ल्स डार्विन 2795, एम्मा डार्विन 2490

"'आपके ईश्वर' क्यों कहा? क्या हमारे ईश्वर अलग हैं?"

"(हँस कर) अच्छा? यह बात चुभ गयी उन्हें? कल उनसे क्षमा माँग लूँगा। खुश?"

"पापा! हमें सोते वक्त जेनी वाली कहानी सुनाओ न!", बेटी ऐन्ने ने गोद में बैठ कर कहा

"वह तो बहुत ही दुखद कहानी है, बेटी! तुम्हें पता नहीं, क्यों वही कहानी पसंद है"

"मुझे तो बहुत पसंद है। सुनाओ न!"

डार्विन एन्ने के साथ बच्चों के कमरे में दाखिल हुए, और ज़मीन पर बैठ गए।

"कई साल पहले जंगल में एक ओरांगुटान परिवार रहता था। उस परिवार में एक बच्ची ओरांगुटान थी जेनी, जिसके मन में हर वक्त कोई न कोई प्रश्न होता"

"हमारी एन्ने की तरह", विलियम ने हँस कर कहा

"हाँ! एन्ने की तरह...लेकिन ऐसे बच्चों की जिज्ञासा कई बार मुश्किल भी बन जाती है। एक दिन जेनी कुछ ढूँढती हुई जंगल में दूर चली गयी, और तभी..."

"उसे शिकारियों ने पकड़ लिया!", एन्ने ने कहा

"उसे पकड़ कर जहाजियों को बेच दिया। वे उसे पिंजरे में बंद कर लंदन ले आए। लंदन का पहला ओरांगुटान! लोग कौतूहल में देखने लगे कि यह कैसा बंदर है जो आदमियों की तरह चलता है"

"फिर उन्होंने आपको बुलाया"

"मुझे तो उन्होंने बहुत बाद में बुलाया जब वह चिड़ियाघर में बीमार रहने लगी थी"

"आपने उसे ठीक कर दिया?", एन्ने ने पूछा

"(हँस कर) मैं तो खुद अपना इलाज नहीं कर पा रहा, ओरांगुटान का कैसे करता? लेकिन मैं उससे मिला। देख कर हैरान हो गया...कितनी सुंदर थी जेनी! तुम्हारी तरह"

"आप उसे घर लेकर क्यों नहीं आए?

"उसकी इज़ाज़त नहीं मिली। वरना उसे अपने घर नहीं लाता, उसके घर जंगलों में छोड़ आता।

मैं जेब से एक माउथ-ऑर्गन निकाल कर बजाने लगा। वह मुझे ग़ौर से देखने लगी, जैसे मैं कोई बहुत बड़ा संगीतकार हूँ और वह मेरी शिष्या। वह देख रही थी कि मैं आखिर कैसे यह संगीत उत्पन्न कर रहा हूँ। मैंने माउथ ऑर्गन उसकी ओर बढ़ा दिया। उसने ठीक मेरी नकल करते हुए दोनों हाथों से पकड़ा, और उसे फूँकने लगी...मैंने उससे यह वापस लेना चाहा, मगर वह कूद कर कोने में चली गयी और बैठ कर फिर से बजाने लगी। चिड़ियाघर के लोग हैरान थे कि आज जेनी इतनी खुश कैसे?

वह ऐसे माउथ ऑर्गन बजा रही थी, जैसे सदियों पहले उसके पूर्वज ऐसे हुनर जानते हों किंतु उनसे अधिक बुद्धि वाले प्रजाति विकसित होने लगे हों, जिसके समक्ष उसकी प्रजाति कमजोर पड़ गयी हो...

एक दिन मुझे पता लगा कि जेनी अपनी आखिरी साँसें ले रही है। उस अवस्था में मैं उसे देखना नहीं चाहता था। मुझे बाद में चिट्ठी मिली कि उसके संरक्षक ने उसे अपने गोद में लिटा रखा था। उस ओरांगुटान के आँसू बह रहे थे, जब उसने आखिरी बार आँखें बंद की।"

बच्चे सो गए थे। डार्विन अपने कमरे में जाकर कुर्सी पर बैठ गये और पेंसिल से लिखा-'अस्तित्व के लिए संघर्ष'[1]

कुछ विद्यार्थी ऐसे होते हैं, जिनमें प्रतिभा तो होती है, किंतु होड़ में आगे बढ़ने की इच्छा नहीं होती। अगर चार दोस्त मिल कर उनको परीक्षा देने न ले जाएँ, तो वे परीक्षा ही न दें। चार्ल्स डार्विन ने जहाज-यात्रा के बाद अपना शोध पूरा करने में बीस वर्ष से अधिक लगाए। अगर उनके दुराग्रही मित्र न होते, तो शायद जीवन भर यह संभव नहीं हो पाता। ख़ास कर जोसेफ़ डाल्टन हुकर तो उनके पीछे ही पड़ गए थे।

---

1   Struggle for existence

"पापा! अंकल हुकर आए हैं!", एन्ने ने बिस्तर पर लेटे-लेटे खिड़की से झाँकते हुए कहा

"ओह! ये फिर आ गये! एम्मा! उनसे कहना कि मैं टहल पर निकला हूँ। दो-तीन घंटे में लौटूँगा। वह मेरी प्रतीक्षा न करें"

"कैसी बातें कर रहे हो? वह लंदन से आए होंगे! (बग्घी को देखते हुए)... उनके साथ कोई और भी है"

"ठिगना और खड़ूस सा दिखता है?"

"हाँ! कद कुछ छोटी तो है...तुम एक घर आए मेहमान के लिए कैसी बातें कह रहे हो? कौन हैं वह?"

"हक्सले होगा...थॉमस हक्सले"

बग्घी से दोनों ने उतर कर एम्मा का अभिवादन किया।

"कहाँ हैं दार्शनिक महोदय? जल-उपचार (हाइड्रोथेरापी) का कुछ लाभ पहुँचा?"

"(हँस कर) वह कहाँ जाएँगे! यहीं कहीं छुप कर बैठे हैं"

"बस, तैयार होकर आ ही रहा था...नमस्ते हक्सले महोदय! इस गरीबख़ाने में आपका स्वागत है", डार्विन ने दरवाजे के पीछे से बाहर आकर कहा

"नमस्ते मि. डार्विन! मैं तो आपका मुरीद हूँ। क्या कमाल की दृष्टि है आपकी! मसलन उन चिड़ियों के विषय में जो आपने लिखा है...और वह प्राकृतिक चयन[1]..."

"चलिए! अंदर चल कर बैठते हैं। प्राकृतिक चयन सिर्फ़ मेरा क़यास है। इसे मैंने अब तक सिद्ध नहीं किया। न ही इसे कहीं प्रस्तुत किया है"

"तो अब कर दीजिए। आपने जो हुकर को चिट्ठियाँ लिखी हैं, उसमें यह स्पष्ट ही है कि हर जीव प्रकृति के अनुसार स्वयं को अनुकूल बनाती है। प्रजातियाँ अपना रूप बदलती हैं। यह इस बात को ख़ारिज करती है कि ईश्वर ने हमें जीवन दिया..."

---

1   Natural selection

"यह आखिरी पंक्ति आपको किस चिट्ठी में मिल गयी? मैंने ईश्वर शब्द का कहीं कोई प्रयोग नहीं किया"

"आप प्रयोग करें या न करें, लेकिन यह बात स्पष्ट तो हो ही रही है। आपका सिद्धांत ईश्वरीय सत्ता को चुनौती होगी। (मेज पर मुक्का मारते हुए) यह आज के समय आवश्यक है कि हम ऐसी किसी काल्पनिक सत्ता को खत्म कर दें"

"पता नहीं आप लोग मुझसे क्या चाहते हैं। मैंने तो मात्र प्रजातियों के विषय में लिखा है। ईश्वर या धर्म से मेरे शोध का कोई लेना-देना नहीं"

"आप घबरा रहे हैं। आपको भय है कि आपको समाज से बहिष्कृत किया जाएगा। आप उस पादरी से डर रहे हैं जो आपके पड़ोस की मुंडेर से आपको घूरता है…"

"देखिए! मेरी बेटी एन्ने की तबीयत ठीक नहीं। उसे तेज़ बुख़ार है। मैं अभी आप लोगों से इस पर चर्चा नहीं कर सकता। मुझे क्षमा करें"

"अच्छा…ठीक है, डार्विन महोदय! हम बाद में आपसे चर्चा करेंगे। लेकिन, जब भी आप पारिवारिक उत्तरदायित्व से कुछ मुक्त हों, तो अपना शोध-पत्र पूरा करें। दुनिया इस अनूठे सिद्धांत की प्रतीक्षा कर रही है"

"मुझे शंका है कि प्रतीक्षा लंबी होगी। अभी किसी भी निष्कर्ष पर पहुँचने में बहुत देर है। यूँ भी मेरे लिए अभी मेरी बेटी महत्वपूर्ण है, मेरा शोध नहीं"

उनके जाने के बाद चार्ल्स चिंतित मुद्रा में अपनी बेटी के कमरे में गए।

"क्या हुआ पापा? मैंने देखा कि आप अंकल से ऊँची आवाज़ में बात कर रहे थे", एन्ने ने पूछा

"हाँ! आखिर तुम्हें क्या हो गया है? यह बात तो तुम भी मुझसे कई बार कह चुके हो कि ईश्वर द्वारा सृष्टि पर तुम्हें पूर्ण विश्वास नहीं। फिर उनसे भड़क क्यों गए?", पत्नी एम्मा ने कमरे में दाखिल होते हुए कहा

"देखो, एम्मा! तुम मेरी संगिनी हो। तुमसे मैं कई ऐसी बातें कहता हूँ, जो पूरी दुनिया को नहीं कहता फिरता। (ऐन्ने के सर पर हाथ फेरते हुए)…लोग इस विश्वास से जीते हैं कि जो भी अच्छा-बुरा उनके समक्ष घट रहा है, वह एक ईश्वरीय योजना

है। यह उन्हें जिजीविषा देता है...तुम नियमित गिरजाघर जाती हो। ऐन्ने के लिए प्रार्थना करती हो। तुम्हें भरोसा है कि ईश्वर हमारी बेटी की रक्षा करेंगे। अगर तुमसे कोई कहे कि ऐसे कोई ईश्वर हैं ही नहीं..."

ऐन्ने की साँस फूलने लगी। वह उठ कर बैठने का जतन करने लगी। डार्विन ने उसका सर सीने के पास रख लिया।

"पापा! आपको क्या लगता है? ईश्वर मुझे बचा लेंगे?", उसने अश्रुपूरित नयनों के साथ मुस्कुराते हुए पूछा

"मैं कल ही डॉ. गली के पास ले चलूँगा, बेटी! तुम चिंता मत करो। तुम्हें कुछ नहीं होगा"

"ऐसी अवस्था में तुम इसे मालवर्न लेकर जाओगे? मैं भी चलूँगी", एम्मा ने कहा

"तुम गर्भवती हो। तुम्हें बच्चों का भी ख़्याल रखना है। मैं अकेला ही लेकर जाऊँगा"

अगली सुबह जब चार्ल्स अपने दस वर्ष की प्रिय बेटी को लेकर विदा हुए, तो गिरजाघर में बग्घी रुकवायी। अंदर जाकर प्रार्थना की।

किंतु उनकी यह प्रार्थना एन्ने को बचा न सकी। दो दिन बाद वह ऐन्ने को ओरांगुटान जेनी की कहानी आखिरी बार सुना रहे थे, जब उसने अपनी आँखें हमेशा के लिए बंद कर ली। गिरजाघर के क़ब्रिस्तान में ताबूत लायी गयी।

उसे दफ़न करते हुए पादरी कह रहे थे-"....ईश्वर इन्हें शाश्वत विश्राम दे"

डार्विन ने रुआँसा होकर एम्मा से कहा, "तुम्हें लगता है कि ईश्वर ने मुझे सजा दी है? मुझे ऐसा कोई शोध नहीं करना चाहिए जिससे ऐसी कोई स्थापना टूटे? मेरे ही कारण ऐन्ने की..."

एम्मा ने कहा, "नहीं। ऐन्ने तो पूरे दिन तुम्हारी कहानियाँ ही सुनती रहती थी। उसे तुम्हारी ही तरह प्रकृति में रुचि थी। तुम्हें उसके लिए ही सही, इस शोध को पूरा करना चाहिए।"

कुछ महीनों बाद डार्विन ने एक पुरानी लिखी नोटबुक निकाली, जिसके पहले पृष्ठ पर लिखा था-Species

✳

क्यूँकि विज्ञान बच्चों का खेल है

जीव-विज्ञान में शोध इसलिए भी कठिन होता है क्योंकि इसमें जीवों पर प्रयोग करने होते हैं। गणित की तरह काग़ज़ पर सिद्धांत नहीं रचे जा सकते। यानी जीवविज्ञान एक प्रायोगिक विधा है। इस कारण इसके शोध में निष्कर्ष तक पहुँचने में वर्षों लग जाते हैं। मैं स्वयं जब अमरीकी विश्वविद्यालय में शोधरत था तो वहाँ जीवविज्ञान में लोग आठ साल या अधिक समय से पीएचडी किए जा रहे थे, जबकि अन्य विषयों में पाँच साल औसत था। कई बार तो एक साल तक लोग एक ही प्रयोग दोहराते रहते। एक घोंघे की सींग पर रसायन डालते रहते। इस प्रयोग में न जाने कितने घोंघे शहीद हो गए।

चार्ल्स डार्विन के लिए घूमना, संग्रह करना और लिखना जितना सहज था, शोध उतना ही कठिन। यहीं पारंपरिक विज्ञान शिक्षा की अहमियत दिखती है, जो डार्विन के पास नहीं थी।

"डार्विन महोदय! आपके द्वारा गालापागोस द्वीप से लाए गए फिंच पक्षियों के संग्रह प्राप्त हुए। लेकिन, उसमें कई समस्यायें हैं। आपने यह नहीं दर्ज़ किया कि कौन सी पक्षी ख़ास कर किस द्वीप से है। मुझे एक ही डब्बे में अलग-अलग प्रजातियों के पक्षी मिले। आपने उनका वर्गीकरण नहीं किया। न ही उनकी पहचान की कोई संख्या, कोई विवरण लिखी। मुझे नहीं लगता कि इससे पूर्व आपने किसी भी जीव का औपचारिक संग्रह किया है। आप बुरा न मानें, लेकिन मेरे सेवक भी आपसे बेहतर इन चीजों का रख-रखाव जानते हैं...आपके अवलोकन ठीक हो सकते हैं, लेकिन शोध के मामले में आप बिल्कुल कच्चे हैं"

पक्षी विशेषज्ञ जॉन गोल्ड की चिट्ठी पढ़ कर डार्विन खुद पर ही हँसने लगे।

"क्यों हँस रहे हो? कोई चुटकुला पढ़ लिया क्या?", पत्नी एम्मा ने पूछा

"गोल्ड साहब लिखते हैं कि मेरा अवलोकन अच्छा है, लेकिन शोध मेरे बस की नहीं...मैं भी यही मानता हूँ। ख़ामख़ा मुझ कूढ़मगज को शोध में ढकेलने के प्रयास किए जा रहे है। यह मुझसे होगा ही नहीं"

"ऐसा है तो वह खुद ही कर लें शोध। तुम्हें चिट्ठी क्यों लिखी?"

"यह तो ल्येल महोदय की ज़िद है कि शोध मैं ही करूँ। उनकी इस चिट्ठी का अर्थ भी यही है कि मैं अपने संग्रह का पहले वर्गीकरण करूँ, पहचान-पट्टियाँ लगाऊँ और फिर से जमा करूँ"

"अच्छा? इन छोटे-मोटे काम के लिए उनके पास लोग नहीं?"

"ऐसी बात नहीं। यह मार्गदर्शकों की आदत होती है कि शोधार्थियों से अभ्यास कराते रहें। यह मेरा शोध है तो कोई और मेरा काम क्यों करे?"

"अब क्या करोगे? तुम्हारी तबीयत भी ठीक नहीं कि कहीं यात्रा कर सको"

"एक व्यक्ति हैं जो मेरी मदद कर सकते हैं...कप्तान फिज़ रॉय"

"वह भला तुम्हारी मदद क्यों करने लगे? अब तो सांसद बनने जा रहे हैं... सुना है उन पर मतदान के लिए रिश्वत देने के आरोप लगे हैं?"

"राजनीति में ऐसे आरोप लगते ही रहते हैं। कीचड़ में उतरे हैं तो यह सब झेलना ही होगा। मेरा उनसे जो रिश्ता है, वह भिन्न है"

"मैंने तो यही समझा है कि वह तुम्हें रत्ती भर भी पसंद नहीं करते। वह जलते हैं कि तुम्हारे शोध की इतनी पूछ हो रही है, जबकि जहाज के कप्तान वह थे"

"तुम ख़ामख़ा ऐसे आरोप लगा रही हो। फ़ौजी व्यक्ति हैं तो स्वाभिमान है। जलने वाली कोई बात नहीं। मैं उन्हें चिट्ठी लिखूँगा कि उनके पास जो चिड़ियों का संग्रह है, वह कृपया भिजवा दें"

"उनका संग्रह तुमसे बेहतर है?"

"कहा न? फ़ौजी व्यक्ति हैं। उन्होंने एक चिड़िया भी अगर थैली में डाला होगा, तो उसका नाम-पता सब दर्ज किया होगा। यह अनुशासन की बात है, जो हम जैसे लोगों में नहीं होती"

"अगर ऐसा है तो वह तुम्हें संग्रह क्यों देंगे? खुद शोध न कर लेंगे?"

"मैं जितना क़प्तान को जानता हूँ, वह मेरी याचना नहीं ठुकराएँगे। रही बात शोध की, वह तो अभी मैंने भी नहीं पूरा किया। शोध के मामले में अगर मैं कच्चा हूँ तो क़प्तान के लिए यह चीज ही व्यर्थ है। वह हमेशा कहते-मेरा विश्वास मात्र बाइबल में है! मात्र वही सत्य है!"

"हाँ! अगर क़प्तान सच्चे ईसाई हैं तो वह तुम्हारी माँग ज़रूरी पूरी करेंगे"

"हा हा (एम्मा का हाथ पकड़ कर) यह तो है। मैं चाहे खुद कच्चा ईसाई हूँ मगर घिरा सच्चे ईसाइयों से ही रहता हूँ"

क़प्तान फिज़ रॉय ने चिट्ठी मिलते ही अपना संग्रह भिजवा दिया। डार्विन को पत्र में लिखा,

"दार्शनिक महोदय! भले आपने अपनी किताब में हमें धन्यवाद देना ज़रूरी नहीं समझा, लेकिन इस संग्रह को आपके हवाले कर रहा हूँ। मुझे नहीं मालूम कि आप इससे किस निष्कर्ष तक पहुँचेंगे, लेकिन मैं यह स्पष्ट कर दूँ कि आपके किसी भी शोध में मेरा ज़िक्र न हो। मैं नहीं चाहता कि मेरे नाम का प्रयोग बाइबल-विरोधी धारणाओं के लिए हो"

जब पक्षी-विशेषज्ञ के पास यह संग्रह पहुँचा, वह देख कर हैरान रह गए। वाकई एक-एक पक्षी के साथ द्वीप का नाम तो क्या, अक्षांश-देशांतर तक दर्ज़ था। क़प्तान ने अपने ज्ञान के हिसाब से उसका ठीक-ठाक वर्णन भी हर पक्षी के साथ लगा रखा था। गोल्ड ने लिखा,

"अब आपकी लिखी बात क्रमवार दिख रही है। एक पक्षी की चोंच कड़े बीज तोड़ने के लिए बने हैं। दूसरे पक्षी के कैक्टस खाने के लिए। तीसरा पक्षी रक्तपान करता नज़र आता है। चौथे की बहुत ही लंबी चोंच है। एक ही पक्षी के अंदर अलग-अलग द्वीपों पर इतने बदलाव क्यों हुए होंगे, यह मालूम नहीं। इस प्रक्रिया के लिए आपने कोई नाम सोचा है?"

डार्विन ने जवाब में लिखा,

"क्या आप यह विश्वास के साथ कह सकते हैं कि ये सभी एक ही पक्षी हैं? मेरा मानना है कि प्रत्येक पक्षी अब भिन्न शाखा बन चुके हैं। उनमें एक ऐसा स्थायी बदलाव आ चुका है कि वे अब एक ही पक्षी नहीं कहे जा सकते। अब

चार अलग-अलग प्रजातियों का निर्माण हो चुका है...इस प्रक्रिया को रूपांतरण (transmutation) कहा जा सकता है। यह क्यों हुआ होगा, इसका उत्तर मैं अभी तलाश ही रहा हूँ।"

दुनिया भले डार्विन को 'इवॉल्यूशन' शब्द से पहचानती है, किंतु इस शब्द के प्रणेता वह नहीं थे। यूँ कहें कि यह शब्द भी धीरे-धीरे इवॉल्व (विकसित) ही हुआ।

✳

"इंडिया से एक पार्सल आया है। किन्ही डब्ल्यू. इलियट साहब ने भेजा है", एम्मा डार्विन ने दरवाज़े पर डाक लेते हुए कहा

"कबूतर आए होंगे", चार्ल्स ने कमरे से निकल कर कहा

"कबूतर? तुमने तो पहले से यहाँ कबूतरख़ाना बना रखा है। अब विदेश से भी मंगवाने लगे? करना क्या चाहते हो इन कबूतरों का?"

"सुना है कि भारत में कबूतर पालने का शौक़ पुराना है। मुझे प्रोफेसर लेप्सियस ने बताया कि वहाँ 1600 ईसवी में कोई अकबर ख़ान[1] था जिसके पास बीस हज़ार कबूतर थे"

"होंगे। मगर इन कबूतरों से तुम्हें क्या हासिल होगा?"

"दरअसल ये कबूतर पालतू हैं, जंगली नहीं। इनकी पीढ़ी-दर-पीढ़ी नस्लीकरण (ब्रीडिंग) की गयी है"

"हाँ, मगर जानवरों की ब्रीडिंग कौन सी नयी बात है? इंग्लैंड में भी होती है"

"मेरा मानना है कि जैसे-जैसे मनुष्य ने जानवरों को पालतू बनाया, उनकी आपस में ब्रीडिंग करायी, उनमें एक स्थायी बदलाव आता गया। उनके नाक-नक्श बदलते गए। एक जंगली कुत्ता और पालतू कुत्ता, एक जंगली मवेशी और पालतू मवेशी, जंगली कबूतर और पालतू कबूतर..."

"अलग होते हैं। यह तो मुझे मालूम है"

---

1   डार्विन ने ऑरिजिन ऑफ़ स्पीसीज़ के पहले अध्याय में जिन अकबर ख़ान का ज़िक्र किया है, वह संभवतः मुगल बादशाह अकबर के लिए है

स्पीशीज वाला

“क्यों अलग होते हैं? पशु तो एक ही है। नस्ल कैसे बदल जाती है?”

“जैसे अपने हेजविक साहब के बच्चे, जो उनकी काली पत्नी से हुए। दो अलग-अलग रंगों के मनुष्य के बच्चों के रंग बदल जाते हैं। नस्ल संकर हो जाती है”

“बिल्कुल ठीक। मुमकिन है कि ये बच्चे बड़े होकर किसी गोरी महिला से विवाह करें, क्योंकि अब वे इंग्लैंड में हैं। अगर वे पीढ़ी-दर-पीढ़ी ऐसा करते रहें तो क्या उनकी आने वाली पीढ़ी…”

“शायद गोरी हो जाए, या भूरी हो जाए। मुझे क्या?”

“रंग से इतर भी कई चीजें हो सकती है। उनके अंदर कुछ ऐसे रोग से लड़ने की क्षमता आ सकती है, जो हम अंग्रेजों में नहीं। उनकी शारीरिक बनावट आम अंग्रेज़ से बेहतर हो सकती है। वे एक बेहतर नस्ल बन सकते हैं इस इंडियन कबूतर की तरह (कबूतर हाथ में लेते हुए)”

“यह भी तो हो सकता है कि उनमें अफ्रीका की बीमारियाँ आ जाएँ?”

“संभव है। जिनके साथ ऐसा होगा, वह अधिक नहीं जी पाएँगे। वही नस्ल आगे बढ़ेगी, जिनमें बेहतर गुण आएँ हो”

“ठीक है। यह तो एक संयोग है। मान लिया कि पालतू जानवरों के नस्ल कुछ मामलों में बेहतर होते गए। लेकिन, इससे सिद्ध क्या होता है?”

चार्ल्स डार्विन ने एक टहनी हाथ में लेकर कहा,

“इन पालतू कबूतरों के जो आदि-पूर्वज रहे होंगे, वे जंगली रहे होंगे। जब उनको किसी शिकारी ने पहली बार पकड़ा होगा, तो उनके नस्लों में ख़ास अंतर नहीं होंगे। धीरे-धीरे उनकी दो शाखाएँ बनी होंगी। फिर छह। फिर चौबीस….”

“उनमें कई शाखाएँ सूख कर गिर गयी होंगी”, एम्मा ने एक शाखा तोड़ते हुए कहा

“धीरे-धीरे इनमें इतने अंतर आ गए होंगे कि एक बहेलिया उनके नाक-नक्श देख कर कह दे कि यह इंडिया से आया है या फ़ारस से”

"चार्ल्स! मुझे अब भी समझ नहीं आ रहा कि इससे सिद्ध क्या होता है। पालतू जानवर तो मनुष्य अपनी मर्जी से प्रजनन करवाते हैं। वे जैसी चाहें, वैसी नस्ल बना दें। एक ऐसी गाय की नस्ल बना दें, जो कहीं अधिक दूध दे। एक घुंघराले बालों वाला कुत्ता बना दें...यह सब कृत्रिम नस्लें हैं। प्रकृति में इस तरह की ब्रीडिंग नामुमकिन है"

"तुम्हारी बात सही है। मनुष्य ने यह सब तेज़ गति से कर लिया, प्रकृति को यह करने में हज़ारों वर्ष लग गए होंगे..."

"बशर्ते कि यह कार्य कोई दैवीय शक्ति कर रही हो?"

"ऐसा भी हो सकता है, मगर एक समस्या है"

"कैसी समस्या?"

"(हँस कर) इस दैवीय शक्ति को कम से कम मनुष्य के मुक़ाबले तो तेज़ होना चाहिए था"

"ईश्वर की जो इच्छा। वह कोई कबूतरबाज़ तो नहीं कि बैठ कर नस्लें ही बनाते रहें। न ही उनके पास तुम्हारी तरह टहनी हाथ में लेकर पहेलियाँ बुझाने का वक्त है...खैर, अब तुमसे जिरह कौन करे?"

शोध का एक प्रमुख अंग है-सहयोग (Collaboration)। आज के दौर में तो सहयोग के बिना अकेले शोध करना नगण्य ही है। चार्ल्स डार्विन की ख़ासियत थी कि वह भले बीमार थे, घर से कम निकल पाते थे, लेकिन उनकी हज़ारों चिट्ठियाँ संकलित हैं। पक्षी-विशेषज्ञ, कीट-विशेषज्ञ, वनस्पति-विज्ञानी, भूगर्भशास्त्री, जीव-विज्ञानी, गणितज्ञ, किसान, मवेशी कर्मी, अर्थशास्त्री सभी को नियमित लिखते।

भूगर्भशास्त्री ल्येल, वनस्पति-विज्ञानी हुकर और जीव-विज्ञानी थॉमस हक्सले के साथ उन्होंने कई संवाद किए। अर्थशास्त्री माल्थस को पढ़ा। दार्शनिक हर्बर्ट स्पेंसर की चर्चा आगे करूँगा।

"हुकर महोदय! आपके अंटार्कटिका के संस्मरण और टिप्पणियाँ पढ़ीं, किंतु बेटी की मृत्यु के बाद से अधिक बीमार रहने लगा था। इसलिए जवाबी चिट्ठी नहीं

स्पीशीज वाला

भेज पाया। संतान-शोक से तो आप परिचित हैं। आपने भी मेरी तरह अपनी बेटी को दफ़नाने का दुर्भाग्य झेला है”

“जी! मैं आपका दर्द समझता हूँ। इसलिए मैं ही मिलने आ गया...आपका मेरे पौधों के संकलन पर क्या विचार है?”

“देखिए! मैं आपकी तरह वनस्पति विशेषज्ञ तो नहीं। कुछ मामूली अवलोकन हैं। आप किसी भी पौधे को देखें, उसकी एक प्रजाति एक स्थान पर बहुतायत दिखेगी। संभव है कि सत्तर प्रतिशत पौधे एक ही प्रजाति के थोड़े-बहुत फेरबदल हों”

“सत्तर नहीं, लगभग नब्बे प्रतिशत एक बड़ी प्रजाति के हो सकते हैं”

“जी। आपके संग्रह ही देखें, तो भले ही सौ से अधिक प्रजातियाँ एक स्थान पर मिली, उनमें कुछ ही बहुतायत थे”

“हाँ! ऐसा ही है। अधिकांश प्रजातियाँ दुर्लभ है”

“वह प्रजाति जो सबसे अधिक है, उसमें प्रजनन क्षमता सबसे अधिक होगी”

“(हँस कर) प्रजनन शब्द जंतुओं के लिए अधिक उपयुक्त है। लेकिन आपकी बात ठीक है। पौधे भी बहुत अलग नहीं हैं।”

“मेरा तात्पर्य सभी जीव-जंतुओं से है। जो भी अधिक संख्या में है, जाहिर है उन्होंने अधिक प्रजनन किया होगा”

“हाँ! लेकिन इसका अर्थ यह नहीं कि जो कम हैं, वे बिना प्रजनन के ही जी रहे हैं”

“वे भी प्रजनन कर रहे हैं, मगर अपेक्षाकृत कम। यूँ कहें कि प्रजनन क्षमता खत्म हुई, तो प्रजाति खत्म हुई”

“(तंज मुद्रा में) डार्विन महोदय! तभी आपने इतने सारे बच्चे...”

“(लंबी साँस लेकर) मगर एन्ने के जाने के बाद तो अब सात ही...”

“माफ़ कीजिए! मुझे ऐसी बात नहीं कहनी चाहिए थी। आप अपनी बात पूरी करें”

"आपका उदाहरण ग़लत नहीं है। मनुष्य या कोई भी प्राणी अपनी तादाद इसी तरह बढ़ाता रहा है। किंतु मात्र प्रजनन जनसंख्या नहीं बढ़ा सकती। यह देखना होगा कि आखिर बचे कितने? तमाम सुविधाओं के बावजूद अगर मैं अपने तीन बच्चों को नहीं बचा सका, तो अंटार्कटिका या किसी रेगिस्तान के जीव की सोचिए"

"बिल्कुल! यह एक संघर्ष है"

"संघर्ष! यह सही शब्द है। हर जीव अपनी आने वाली पीढ़ी बचाने का संघर्ष कर रहा है। एक पौधा हर वर्ष हज़ार बीज देता है, लेकिन उससे हज़ार पौधे तो नहीं जन्म लेते"

"हज़ार? मैं तो ऐसे पौधों के विषय में कह सकता हूँ जिनके हज़ारों बीजों में मात्र एक ही पौधा जन्म ले पाता है। वह भी अगर परिस्थिति अनुकूल हो तो…"

"अब आप ही कहें कि कोई एक प्रजाति का पौधा कैसे सबसे अधिक हो जाता है?"

"अगर आप कहना चाहते हैं कि वह बाकी प्रजातियों से अधिक बीज देता है, तो ऐसी बात नहीं है…"

"एक पौधा नहीं, उसकी बड़ी तादाद गुणात्मक वृद्धि करती जाती है। वह अन्य प्रजातियों से अधिक अनुकूल होती जाती है। एक और बात…तादाद बढ़ाने के नुकसान भी हैं"

"जैसे?"

(पेड़ से एक अमरबेल तोड़ते हुए)

"जैसे इस अमरबेल को ही लें। यह परजीवी है। दूसरे पेड़ों पर उगता है। अगर इसकी तादाद बढ़ती गयी, तो यह मूल पेड़ ही खत्म हो जाएगा। इसलिए इसे अपनी तादाद उतनी ही बढ़ानी होगी, कि यह भी बचा रहे और मूल पेड़ भी"

"मुझे समझ नहीं आ रहा कि आप कहना क्या चाहते हैं? प्रजातियाँ प्रजनन बढ़ा कर अधिक बढ़ेंगी या घटा कर?"

"(मुस्कुराते हुए) प्रजनन उनकी तादाद बढ़ाएगी, किंतु अस्तित्व के लिए संघर्ष उनकी तादाद घटाएगी"

"किससे संघर्ष?"

"(हँस कर) यह तो दार्शनिक प्रश्न है। संघर्ष के कई मायने हैं। अमूमन एक प्रजाति दूसरी प्रजाति से संघर्ष कर सकती है। किंतु अगर अंटार्कटिका के वीराने में सिर्फ़ मैं और आप रह गए, और भोजन के लिए सिर्फ़ एक निवाला बचा हो, तो आप क्या करेंगे?"

एम्मा डार्विन ने बाहर आकर गुस्से में कहा, "यह कितनी बर्बर सोच है, चार्ल्स! आप इनकी बातों पर ध्यान न दें, हुकर महोदय! भोजन के लिए चलें।"

"(हँस कर) मुझे उम्मीद है कि भोजन पर्याप्त होगा, श्रीमती डार्विन! वरना मैं तो ज़िंदा बच कर नहीं जाने वाला"

कई बार हमारे जीवन में एक मामूली चीज घटती है। इतनी मामूली कि हम ध्यान नहीं देते। हम भूल जाते हैं। संभव है कि वह भूली-बिसरी साधारण घटना हमारे भविष्य में बड़ी भूमिका निभाए। इसे यूँ भी कह सकते है कि किसी भी घटना को मामूली मानना एक बड़ी भूल है।

चार्ल्स डार्विन ने अपनी पुस्तक में भारत का ज़िक्र कई बार किया है, भले वह भारत कभी नहीं आए। भारत के कबूतरों के अतिरिक्त गाय और घोड़ों को भी। इसका एक कारण यह था कि भारत में नस्लीकरण (ब्रीडिंग) की परंपरा सदियों से रही है। यहाँ एक ही पशु या पौधे के जंगली नस्ल, कृत्रिम नस्ल, संकर नस्लें सभी मिल जाते हैं। कई नस्लें ऐसी हैं जो कभी भले कृत्रिम या संकर रही हों, मगर पीढ़ी-दर-पढ़ी वह अपने-आप में एक स्थापित नस्ल बन चुकी है।

इससे डार्विन को अपने तीन कयासों में मदद मिली- पहला यह कि नस्ल में बदलाव के लिए मात्र संकर (क्रॉस ब्रीडिंग) होना आवश्यक नहीं। दूसरा यह कि नस्लों में अंतर एक प्राकृतिक चुनाव हो सकता है। तीसरा कि अंतर एक संयोग भी हैं।

ब्रिटिश संग्रहालय, 1854

"डार्विन महोदय! इस बार तो वर्षों बाद आना हुआ", मि. मार्टिन ने हाथ बढ़ा कर कहा

"क्या कहूँ? उम्र, बीमारी और लंदन की भीड़! वक्त तो लग ही जाता है"

"आपको मैं जितना जानता हूँ, आप यूँ ही यात्रा नहीं करते। पिछली बार आए थे तो घंटों बैठ कर न जाने क्या-क्या लिखते-देखते रहे"

"हाँ! लेकिन मुझसे एक बड़ी ग़लती हो गयी। मैंने वही चीजें देखी जिसकी समझ मुझे पहले से थोड़ी-बहुत थी। मैं दक्षिण अमरीका और न्यूज़ीलैंड से लाये संग्रह देखता रह गया"

"आज अफ्रीका देख लें। उसका तो अथाह संग्रह है यहाँ"

"अफ्रीका के संग्रह देखने वाले तो बहुत लोग हैं। मुझे इंडिया और मलय के संग्रह देखने हैं। बॉम्बे से कर्नल पूल और कलकत्ता से ब्लाइथ महोदय के संग्रह"

एक व्यक्ति दूर से मि. मार्टिन को कुछ इशारा करते हैं। मि. मार्टिन उन्हें आँखों से ही हुड़का देते हैं कि बाद में आना।

"मलय से तो तितलियाँ और अन्य कीड़े-मकोड़े ही आए हैं। अभी एक जहाज मलय की ओर जाने वाला है। मैं उसी के विषय में..."

"काट्यावार (काठियावाड) के धारीदार घोड़ों के विषय में जानना था। कच्छ के रण से कुछ है?"

"वहाँ से तो चित्र ही आये हैं (एक एल्बम निकालने के लिए सीढ़ी लगाते हुए)...मुझे तो लगता है कि वे संकर नस्ल के घोड़े हैं। इसलिए धारियाँ हैं"

"नहीं! कर्नल पूल का मानना है कि असल काठियावाड़ी घोड़ों की पीठ और नाक पर धारियाँ होती है। कच्छ के गधों पर भी। बल्कि संकर नस्लों पर धारियाँ नहीं होती"

"लेकिन मैंने पढ़ा है कि घोड़ों के शरीर पर धारियाँ अन्य प्रजाति से संकर होकर ही आयी हैं"

"किस प्रजाति से?"

स्पीशीज वाला

"किसी भी धारीदार प्रजाति से। जैसे ज़ेब्रा से?"

"अफ़्रीका के ज़ेब्रा से इंडिया में धारीदार घोड़े बन गए? यह मुझे तार्किक नहीं लगता। धारियाँ कई जंगली घोड़ों और गधों में दिखती है। भले उनका कोई आपसी भोगौलिक संपर्क न रहा हो।"

"माफ़ कीजिएगा। इन धारियों से घोड़ों को क्या हासिल होगा? वे तो ज़ेब्रा की तरह घने जंगल में भी नहीं विचरते कि उन्हें छद्म आवरण (camouflage) की ज़रूरत हो"

"(मुस्कुरा कर) संभव है कि कुछ भी हासिल न हो। नस्लों में बदलाव तीन कारणों से आ सकते हैं-पहला कि वह प्रकृति के साथ खुद को ढाले जैसे आपका ज़ेब्रा, दूसरा कि वह चीज उसके अस्तित्व संघर्ष में सहायक हो जैसे जिराफ़ की गर्दन, तीसरा बदलाव सबसे रोचक और बहुतायत है। वह यूँ ही हो जाता है। बिना किसी प्रयोजन के"

वह व्यक्ति एक बार फिर मार्टिन की ओर बढ़ते हैं।

"देखिए! मैंने आपके एजेंट से बात कर ली है। आपके संग्रह की कीमत दो सौ पाउंड से अधिक हम नहीं दे सकते। मैं अभी डार्विन महोदय के साथ व्यस्त हूँ", मार्टिन ने उन व्यक्ति को कहा

"डार्विन!! आप चार्ल्स डार्विन हैं? मैं तो आपका…"

"आप यहाँ से अब जाएँ, मि. वालेस[1]! मैं बाद में आपसे बात करुँगा", मार्टिन ने पुनः हुड़का कर कहा

"क्या मैं आपको चिट्ठी लिख सकता हूँ, डार्विन महोदय? मैंने आप ही की दिशा में कुछ सोचा है", वालेस ने पीछे हटते हुए उत्साहित मुद्रा में कहा

"हाँ! ज़रूर लिखें", डार्विन ने मुस्कुरा कर कहा

"आपका पता?", वालेस ने दूर जाकर चिल्लाते हुए पूछा

"(हँस कर) अरे! आप सिर्फ़ चार्ल्स डार्विन, इंग्लैंड लिख देंगे, तो भी इन्हें

---

1 अल्फ्रेड वालेस की डार्विन से यह 'मामूली' और डार्विन-वालेस सिद्धांत से पूर्व इकलौती मुलाक़ात थी।

मिल जाएगा। आप हमें हमारा काम करने दें, मि. वालेस", मार्टिन ने कहा

"...हाँ! तो आप कह रहे थे कि नस्ल बिना किसी मतलब के भी बदल जाया करती हैं। यूँ ही संयोग से?, मार्टिन ने आगे कहा

"ऐसा मेरा मानना है। ज़रूरी नहीं कि यही सत्य हो"

"अच्छा। मेरा एक आखिरी सवाल है। (एक ब्रीफ़केस खोल कर संग्रह दिखाते हुए) मदीरा द्वीप के इस तितली के संबंध में। मदीरा में तो तेज़ हवाएँ चलती हैं। ऐसे में इन तितलियों के पंख छोटे होने चाहिए थे, ताकि तेज़ फड़फड़ा सकें। इसके पंख तो इतने बड़े हैं कि ठीक से उड़ भी नहीं पाती"

"वाकई रोचक है यह तितली। तेज़ हवा के हिसाब से यह अच्छा ही है"

"क्यों?"

"मान लीजिए कि आप जहाज के सफ़र पर हैं, और तूफ़ान के थपेड़ों ने जहाज छिन्न-भिन्न कर दिया। जहाज किसी तरह किनारे से जा लगा। उस वक्त अच्छे तैराकों की समंदर पार कर बचने की संभावना अधिक है, या उन लोगों की जो किनारे पर ही बैठे रहें?"

"तूफ़ान थमने तक तो रुक ही जाना चाहिए"

"यह तितली शायद सदियों से वही करती आ रही है। इसके लिए न उड़ने में ही भलाई है...मात्र ताक़तवर बन कर अस्तित्व नहीं बचाया जा सकता, बल्कि परिस्थिति को समझ कर बचाया जा सकता है"

✳

एक समय में कई लोग एक ही शोध कर रहे होते हैं। यह धीरे-धीरे एक प्रतिस्पर्धा बनने लगती है कि सबसे पहले कौन लक्ष्य हासिल करेगा। उनमें यह भी देखा गया है कि हड़बड़ी में आधे-अधूरे या ग़लत निष्कर्ष निकल जाते हैं।

उन्नीसवीं सदी के उत्तरार्ध से सृष्टि पर वैज्ञानिक चर्चाएँ बहुत बढ़ गयी थी। भौतिकीशास्त्री यह सिद्ध करने में लगे थे कि यह पृथ्वी, यह सूर्य, यह आकाश, यह ब्रह्मांड एक वैज्ञानिक प्रक्रिया का परिणाम हैं। भविष्य में इसने महाविस्फोट (बिग बैंग) और सापेक्षतावाद (रिलेटिविटी) जैसे सिद्धांतों का रूप लिया। ज़ाहिर है ये

सिद्धांत ईश्वर द्वारा सृष्टि पर प्रश्न खड़े कर रहे थे।

जीव-विज्ञानी इस होड़ में लग गए कि जीवन ईश्वरीय सृष्टि नहीं है, और यह भी एक सतत वैज्ञानिक प्रक्रिया का परिणाम है। इसने विवाद को काफ़ी हद तक राजनीतिक बना दिया। उस दौर के उदारवादी/वामपंथी मिज़ाज के बुद्धिजीवी दबी ज़बान में ही सही, मगर कहने लगे कि ईश्वर है ही नहीं। इसे वह हमेशा के लिए एक वैज्ञानिक तर्क से सिद्ध करना चाहते थे।

थॉमस हक्सले ऐसे ही एक व्यक्ति थे, जिनको बाद में 'डार्विन के बुलडॉग' की उपमा मिली। वह न होते तो चार्ल्स डार्विन का सिद्धांत दुनिया में एक बड़ी सनसनी नहीं बन पाती।

"हक्सले महोदय! आप कई बार आक्रामक हो जाते हैं। विज्ञान में कई शंकाएँ हैं। हमारे जोर से बोलने से वे शंकाएँ खत्म नहीं हो जाती। आप धैर्य रखें। शोध को पूरा होने दें। तभी कुछ कहें"

"आप आखिर कब तक शोध करते रहेंगे? अगर शंकाएँ हैं, तो शंकाओं के साथ प्रस्तुत करें। दुनिया को पता तो लगे कि सही दिशा क्या है"

"अभी मेरे मन में इतनी शंकाएँ हैं, जिसके साथ कुछ भी प्रस्तुत नहीं किया जा सकता"

"फिर आप इस दौड़ में पीछे रह जाएँगे। आपको खबर भी है कि क्या-क्या छप रहा है! आपके ही विचारों को दूसरे लोग अपनी भाषा में छापने लगे हैं। आपकी सारी मेहनत पानी में जा रही है"

"ऐसा क्या छप गया? अगर कोई दूसरा मुझसे मिलता-जुलता सिद्धांत रख रहा है, तो मुझे खुशी ही होगी। एक से भले दो…"

"किसी गुमनाम व्यक्ति ने किताब लिख दी है-सृष्टि का प्राकृतिक इतिहास (Vestiges of Natural history of creation)। उन्होंने यह लिखा है कि ब्रह्माण्ड की उत्पत्ति एक वैज्ञानिक प्रक्रिया है। पहला जीव एक सूक्ष्म जीव था जो पृथ्वी के रसायनों और बिजली कड़कने जैसी प्रक्रिया से उत्पन्न हुआ। उसके बाद शाखाएँ बनती गयी"

"(हँस कर) गुमनाम व्यक्ति? वह महानुभाव सामने क्यों नहीं आ रहे? मैं उनका शोध देखना चाहूँगा"

"सामने तो शायद इसलिए नहीं आ रहे क्योंकि गिरजाघर से कौन पंगा ले। किताब मैं आपके लिए ले आया हूँ"

"जी! मैं उसे देख लेता हूँ। मेरे पास ऐसे निष्कर्ष तो नहीं हैं। मैं तो मात्र प्रजातियों के भेद पर कार्य कर रहा हूँ। ब्रह्माण्ड बनने या पहले जीव की उत्पत्ति के संबंध में मैं नहीं जानता"

"जानता तो वह भी नहीं है। उसकी किताब में न कोई शोध है, न वैज्ञानिक तर्क। (हँस कर) यह तो कोई सरफिरा लगता है, जिसे ऐसे स्वप्न आए और लिख दिया"

"यही तो मैं आपको समझाना चाह रहा था। अगर मैंने बिना किसी पक्के शोध के अपनी बात रख दी, तो दुनिया मुझे भी पागल ही कहेगी। इसलिए मैं वक्त ले रहा हूँ, जीव-जंतुओं को समझ रहा हूँ, आप जैसे गुणी लोगों से संवाद कर रहा हूँ। ताकि शंकाएँ न्यूनतम हो"

"डार्विन महोदय! आपके लिए एक सुझाव मेरा भी है। आप अपने मन से भय और अवांछित शंकाएँ निकाल दें। मुझे मालूम है आपकी पत्नी ईश्वर-निष्ठ हैं। आपके पड़ोसी पादरी हैं। संभव है कि यह चीजें आपके लिए बाधा बन रही हो"

"हा हा! ऐसी बात नहीं। मेरी पत्नी मेरे शोध की सबसे बड़ी सहभागी हैं। मेरे शोध का उद्देश्य ईश्वर को नकारना नहीं है। हमारा ध्येय यह होना भी नहीं चाहिए"

"आप बारंबार ऐसी रट क्यों लगाते हैं? आप स्वयं मानते हैं कि ये तमाम प्रजातियाँ क्रमिक विकास जैसी घटना से बनती रही हैं। इसमें ईश्वर ने क्या किया? आपने यह कहा था कि कई जीवों ने अपने पूँछ त्याग दिए होंगे, क्योंकि उनका उपयोग नहीं रहा। हमें इसी तरह धीरे-धीरे इस ईश्वर को भी..."

"(कुछ गुस्से में) हक्सले महोदय! मनुष्य के अस्तित्व-संघर्ष में ईश्वर की भूमिका हो सकती है। इसने समाज को जोड़ कर रखा है। यह मनुष्य और अन्य जीवों के मध्य अंतर की तरह देखा जाना चाहिए। संभव है कि होमों सैपिएंस के लिए यह एक आवश्यक निर्माण हो।"

स्पीशीज वाला

"आप कहना चाहते हैं कि मनुष्य ने यह निर्माण किया"

"मैं यह कहना चाहता हूँ कि मनुष्य या कोई भी जीव अस्तित्व-संघर्ष के लिए भिन्न-भिन्न माध्यम चुनता है। यह माध्यम काल्पनिक नहीं हो सकता। जीव पूँछ रखते हैं, या पूँछ त्यागते हैं। किंतु पूँछ उनकी कल्पना नहीं होती"

"आप बात को ख़ामख़ा घुमा रहे हैं, चार्ल्स! ख़ैर। मेरा मात्र यह कहना है कि आप इन चिंताओं से परे अपना शोध पूरा करें...एक और बात। आपके क्रमिक विकास में मुझे एक चीज सिरे से ग़लत लगती है"

"क्या?"

"आपको लगता है कि प्रजातियाँ धीरे-धीरे बदली, और इस प्रक्रिया में कई सतत बदलाव हुए। मेरा मानना है कि यह संभव नहीं। एक बार बदलाव हो गया, तो नयी प्रजाति बन गयी। अब वह यूँ ही बदलती नहीं रहेगी।"

"यह शंका मुझे भी है, लेकिन मुझे लगता है हम दोनों के पास इसके लिए पर्याप्त शोध नहीं हैं। धैर्य रखें। शोध करते रहें। निष्कर्ष निकालने की जल्दबाज़ी न करें...यह ध्यान रखें कि हमारा उद्देश्य अपनी मान्यता सिद्ध करना नहीं है, बल्कि सत्य की खोज है। उसके लिए हमारा संपूर्ण जीवनकाल भी कम है"

क्यूँकि ऐसा सोचने वाले हम अकेले नहीं होते

जहाँ कुछ लोग अपने शोध से यश हासिल करते हैं, वहीं कुछ लोग गुमनामी में खो जाते हैं। इनमें एक बहुत ही छोटा प्रतिशत होता है, जिन्हें नाम कमाने की अभिलाषा ही नहीं होती। उनके लिए शोध एक निजी और आध्यात्मिक चीज बनती जाती है।

अल्फ्रेड रसेल वालेस अमेजन के जंगलों में भटकते हुए जीव-जंतुओं के संग्रह करते रहे। किंतु उनका संग्रह एक दिन जल कर ख़ाक हो गया। जो बचा-खुचा संग्रह था, उसे उन्होंने इंग्लैंड के संग्रहालयों को चार सौ पाउंड में बेच दिया।

"तुम इस संग्रह से कुछ शोध कर सकते थे। इसे बेच क्यों डाला", अल्फ्रेड की बहन ने पूछा

"पैसे की ज़रूरत थी"

"मज़ाक़ मत करो! तुम्हें पैसे की क्या ज़रूरत है? इंग्लैंड में तुम्हें क्या कमी है?"

"अगली यात्रा पर भी तो निकलना है"

"तुम अजीब आदमी हो। एक यात्रा खत्म हुई नहीं कि दूसरी पर निकलने की सोच रहे हो। कुछ साल आराम करो"

"फैनी! मेरे लिए तो जंगलों में घूमना ही आराम है। मुझे अब पूरब के जंगलों में जाना है"

"पूरब? इंडिया की ओर?"

"हाँ! मलय के जंगलों में। मुझे लगता है कि जीवन के सूत्र वहीं कहीं मिलेंगे"

"(हँस कर) उन सूत्रों को भी तुम बेच डालोगे। किसी और यात्रा के खर्च निकालने के लिए। तुमने जीवन में यही तो किया है।"

"मलय के संग्रह मैं नियमित अपने एजेंट को भेजता रहूँगा। हज़ार-दो हज़ार पाउंड तो ज़रूर मिल जाएँगे।"

"उस कमाई से हासिल ही क्या होगा, जब तुम्हें जंगलों में ही रहना है?"

"आज-कल जंगलों में रहना इंग्लैंड के बंगलों में जीवन गुजारने से अधिक महंगा है…चलो! अब मुझे विदा दो। चिट्ठियाँ लिखता रहूँगा"

अल्फ्रेड वालेस का जहाज आखिर इंग्लैंड से निकल कर वर्तमान सिंगापुर पहुँचा। वहाँ के संस्मरण में वह लिखते हैं कि क्या कमाल का सांस्कृतिक संगम था। चीन के किसान-मछुआरे, दक्षिण भारत के व्यापारी, मलय के आदिवासी, यूरोपीय अफसर सभी एक ही स्थान पर जमा थे।

वह महीनों बोर्नियो के जंगलों में एक युवा सेवक के साथ घूमते रहे।

"अब मुझसे और चला नहीं जाएगा। आपने इन तितलियों और कीड़े-मकोड़ों से न जाने कितनी पेटियाँ भर ली है। क्या यह काफ़ी नहीं है?", एक पहाड़ चढ़ कर थके हुए उनके सेवक ने कहा

"इस दुनिया में करोड़ों प्रजातियाँ हैं जो हमने देखी ही नहीं है। यह कभी काफ़ी न होगा…वैसे तुम्हारी थकान मिटाने के लिए एक बेहतरीन पेय है मेरे पास"

"अब यहाँ कहाँ शराब मिलेगी?"

"(एक घटपर्णी/Pitcher plant हाथ में लेकर) इसे चख कर देखो! हमारे बीयर से बेहतर है?"

"(चौंक कर) यह कैसा विचित्र पौधा है? इसके अंदर तो पानी भरा है (पीते हुए)…छी छी! इसमें तो कीड़े गिरे हुए हैं!!"

"(हँस कर) यह माँसाहारी पौधा है। डरो मत! पी जाओ! ये कीड़े अब स्वादिष्ट बन चुके हैं"

"हम्म…वाकई! यह तो शराब जैसी ही है"

"जानते हो, डार्विन महोदय ने अपने यात्रा संस्मरण में संकेत दिया कि हर प्रजाति परिस्थिति के अनुसार स्वयं में बदलाव करती है। इस पौधे को ही देखो! कीड़ों को कैसे अपने जाल में फँसा कर ढक्कन बंद कर देती है!"

"यह डार्विन महोदय कौन हैं?"

"कमाल के व्यक्ति हैं। मुझे यहाँ आने से पहले एक बार उनसे मिलने का सौभाग्य मिला। (सीना तान कर) उन्होंने मुझे चिट्ठी लिखने कहा"

"वह भी आप ही की तरह जंगलों में..."

"हा हा! मगर वह मेरे जितने पागल नहीं"

अल्फ्रेड वालेस ने उन्हीं जंगलों से डार्विन को चिट्ठी लिखी। यह चिट्ठियाँ पढ़ कर डार्विन प्रसन्न हुए। उन्होंने चार्ल्स ल्येल को लिखा,

"इस व्यक्ति ने मेरे शोध के कई बिंदुओं को अपने बीस पन्नों के लेख में समेटा है। प्राकृतिक चयन, अस्तित्व के लिए संघर्ष...बिल्कुल मेरी ही भाषा। मेरे ही निष्कर्ष। कितनी खुशी की बात है कि हमारी सोच मिल रही है"

ल्येल ने कहा, 'चार्ल्स! यह तो चिंता की बात है। ये निष्कर्ष तुम्हारे हैं, यह मैं जानता हूँ। हुकर जानता है। किंतु तुमने अब तक इसे प्रकाशित नहीं किया। अगर उसने तुमसे पहले प्रकाशित कर दिया तो?"

डार्विन ने कहा, 'महोदय! उसने मुझे चिट्ठियाँ लिखी है क्योंकि वह मेरी सोच से परिचित है। उसकी इच्छा मुझसे पहले प्रकाशित करने की नहीं होगी। यूँ भी उसने लिखा है कि वह तीन-चार वर्ष जंगलों में ही रहेगा। मुझे भी शोध पूरा करने में इतना वक्त लग जाएगा"

"बेवकूफ़ मत बनो, चार्ल्स! जो व्यक्ति अपने संग्रहों को मूल्य लेकर बेच देता है, वह अवश्य महत्वाकांक्षी होगा। तुम्हें अब जल्द अपना शोध प्रकाशित करना ही होगा"

"मैं आधा-अधूरा शोध आखिर क्यों प्रकाशित करूँ? रही बात वालेस की, उसकी सोच तो अभी शैशव काल में ही है। वह मुझसे विचार पूछ रहा है"

"तुम एक बार प्रकाशित कर दो। फिर भले ही उसे सुझाव देते रहो। अन्यथा तुम्हारा वर्षों का शोध मिट्टी में मिल जाएगा।"

"ल्येल महोदय! मैं उन लोगों में नहीं हूँ जो सिर्फ़ होड़ में आगे रहने के लिए

प्रकाशित कर दूँ। अगर ऐसा होगा भी, तो यह मेरे और वालेस का संयुक्त प्रकाशन होगा"

"लेकिन वह तो मलय के जंगलों में है! पता नहीं कब लौटेगा…"

"आप यह कहना चाहते हैं कि उसके जंगल में रहने तक मैं शोध अपने नाम से प्रकाशित कर दूँ? यह उसके साथ कितना बड़ा अन्याय होगा!"

"यह तुम्हारा शोध है चार्ल्स! तुम एक चिट्ठी से उसे उसकी झोली में डाल रहे हो? तुम्हारी ऐसी दर्जनों चिट्ठियाँ मेरे पास पड़ी है। यह वालेस कौन है? इसे कौन जानता है?"

"जिस तरह मेरी दर्जनों चिट्ठियाँ का श्रेय आप मुझे दे रहे हैं, उसी तरह उसकी तीन चिट्ठियों का श्रेय मुझे उसे देना ही होगा। मैं जानता हूँ वह कौन है! पता है जब मैंने उसे लिखा कि मलय से लौट कर हम अपने शोध में मिलान करेंगे तो उसने क्या लिखा?"

"क्या लिखा?"

"उसने लिखा कि यह उसका सौभाग्य होगा कि स्वयं चार्ल्स डार्विन उसके शोध में रुचि रखते हैं, किंतु फ़िलहाल वह मलय से आगे बाली द्वीप की ओर जाना चाहता है। वह इस वक्त लंदन लौट कर अपना शोध प्रस्तुत नहीं कर सकता, बल्कि उन द्वीपों पर ही और वक्त गुजारना चाहता है।"

"ऐसा है तो इसमें कोई आश्चर्य नहीं कि तुम्हारे निष्कर्ष मिल रहे हैं। वाकई तुम दोनों एक ही साँचे में ढले हो। हम ख़ामख़ा पीछे पड़े हैं, जब किसी को प्रकाशित करने में रुचि ही नहीं।"

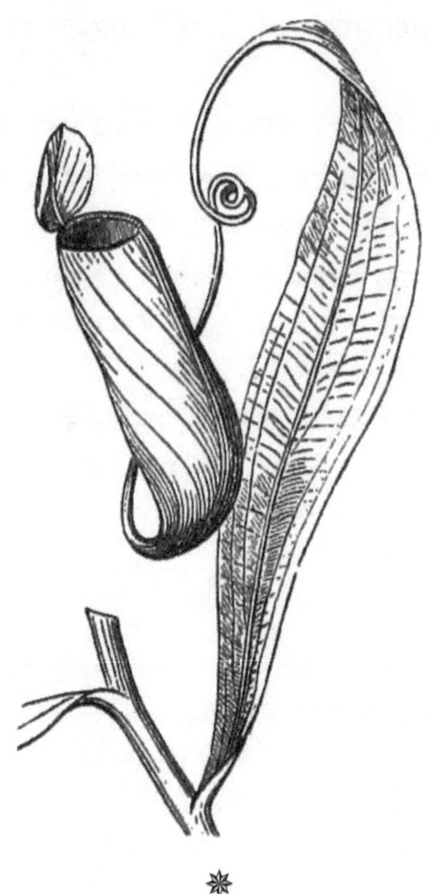

❋

1 जुलाई, 1858. लिनियन सोसायटी, लंदन

लिनियन सोसायटी वनस्पति और जीव-विज्ञानियों का एक समूह था, जिसमें अमूमन तीन महीने में एक बार लोग जमा होते। इस बैठक में कुछ बुजुर्ग यूँ ही चाय पर विमर्श करते। उस दिन जब यह बताया गया कि आखिर चार्ल्स डार्विन का अप्रकाशित शोध-पत्र पहली बार पढ़ा जा रहा है, तो अपेक्षाकृत अधिक लोग आ गए थे।

"ल्येल महोदय! यह पत्र पढ़ने की जल्दी क्या थी? आप स्वयं कह रहे थे कि इसके लेखकों को प्रकाशन में रुचि नहीं। कहाँ हैं डार्विन महोदय?"

                    स्पीशीज वाला

“उन्हें तो आप जानते ही हैं। कहीं आते-जाते नहीं। बीमार पड़े रहते हैं। बहुत जिद करने के बाद उन्होंने कुछ अंश पढ़ने की इजाज़त दी है”

“जब लेखक ही शंकित हैं, तो शोध पढ़ने की विवशता मुझे समझ नहीं आती। ऐसा क्या ख़ास है इसमें?”

“यह तो जब हुकर महोदय आपके समक्ष प्रस्तुत करेंगे, तभी बेहतर समझ आएगा”

“इस मंच की परंपरा रही है कि पत्र अध्यक्ष यानी मेरे द्वारा ही पढ़े जाएँगे। आप पत्र मुझे दिखा दें। मैं पढ़ दूँगा। (पत्र हाथ में लेकर) यह दूसरा पत्र क्या है?”

“यह अल्फ्रेड रसेल वालेस का पत्र है, जो चार्ल्स डार्विन को भेजा गया। वह चाहते हैं कि दोनों साथ पढ़े जाएँ?”

“यह महोदय कहाँ हैं?”

“यह फ़िलहाल इंडोनेशिया के डोडिंगा गाँव में हैं”

“एक लेखक बीमार है। दूसरा न जाने कहाँ आराम फ़रमा रहा है। (हँस कर) एक हम ही हैं जो इनके पत्र पढ़ने में अपनी ख़ूबसूरत शाम बर्बाद कर रहे हैं। ख़ैर…”

अध्यक्ष मंच पर पहुँचे।

“लिनियन सोसाइटी के गुणीजनों! आज ल्येल महोदय और हुकर महोदय ने इस औचक बैठक की पेशकश की। चूँकि ये दोनों ही गंभीर विमर्श के लिए जाने जाते हैं, मैं ठुकरा न सका। मुझे आज दो पत्र पढ़ने को दिए गए हैं…(हुकर को मंच के निकट आने का इशारा कर फुसफुसाते हुए) पहले किसका पत्र पढ़ा जाए?”

“यह निर्णय आप ही लें”, हुकर ने कहा

“वर्णमाला क्रम में? डी से डार्विन पहले? ठीक है?”

“जी। उचित है।”

“पहला पत्र लिखा है चार्ल्स डार्विन, फेलो ऑफ रॉयल सोसाइटी, फेलो ऑफ लिनियन सोसाइटी, फेलो ऑफ जियोलाजिकल सोसाइटी ने। और दूसरा

पत्र लिखा है अल्फ्रेड रसेल वालेस…(हुकर को पुनः इशारा कर) इनकी पदवी वग़ैरा"

"इनकी तो कोई पदवी नहीं है"

"दूसरा पत्र लिखा है श्रीमान अल्फ्रेड रसेल वालेस ने। पहले पत्र का शीर्षक है-'प्रजातियों में बदलाव और विविधता'। दूसरे पत्र का शीर्षक है-'प्राकृतिक चयन द्वारा प्रजातियों का सतत विकास'…पहला पत्र मैं अब पढ़ने जा रहा हूँ"

जैसे-जैसे यह पत्र पढ़ा जाने लगा, कमरे में हलचल बढ़ गयी। पहले कुछ फुसफुसाहट हुई, फिर यह आवाज़ तेज़ होती गयी।

"आपलोग शांत रहें! मुझे पत्र पूरा करने दें…प्रजातियों में हो रहे बदलाव एक लंबी सतत प्रक्रिया है, जो धीरे-धीरे उसके मूल से एक शाखा रूप में…", अध्यक्ष ने आगे कहा

"मैं पूछना चाहता हूँ कि इसे पढ़ने स्वयं चार्ल्स डार्विन क्यों नहीं आए? क्या उन्हें इस पर शंका है?", एक श्रोता ने खड़े होकर पूछा

"चार्ल्स डार्विन अस्वस्थ हैं। उन्होंने वही अंश प्रस्तुत करने की आज्ञा दी है जिस पर उन्हें शंका नहीं है", हुकर ने खड़े होकर कहा

"आप लोग शांत रहें। सोसाइटी की गरिमा को बनाए रखें। ल्येल और हुकर महोदय ऐसे व्यक्ति नहीं कि बिना किसी पुष्टि के पत्र प्रस्तुत कर दें…अल्फ्रेड वालेस लिखते हैं कि ऐसी कई प्रजातियाँ हैं जो समय के साथ खत्म हो गयी और नयी प्रजातियों ने जन्म लिया। इन नयी प्रजातियों में ऐसे गुण थे जो उनके अस्तित्व को अधिक स्थायी बनाते हैं…जो प्रजाति अधिक अनुकूल होगी, उसकी प्रजनन शक्ति अधिक होगी"

"अध्यक्ष महोदय! मुझे आपत्ति है कि ऐसे विचारों को इस प्रतिष्ठित सोसाइटी में प्रस्तुत किया जा रहा है, जिससे हमारी जगहँसाई हो सकती है। क्या प्रजातियाँ भी अपने में स्थायी बदलाव ला सकती है? एक ख़रगोश बदलते-बदलते एक दिन घोड़ा बन जाएगा? यह कैसी बेतुकी सोच है?", एक दर्शक ने खड़े होकर कहा

कुछ और लोग खड़े होकर दलीलें देने लगे।

                                   स्पीशीज वाला

"शांत रहिए! शांत रहिए! कृपया प्रश्न उन्हीं बिंदुओं पर रखें जिसकी इस पत्र में चर्चा हुई है। इन महोदय का प्रश्न इस पत्र में कहीं भी वर्णित नहीं है।", अध्यक्ष ने कहा

"डार्विन और वालेस, दोनों के पत्र में उन प्रजातियों का विवरण है जिनके बदलाव और शाखाओं का तर्कसंगत उत्तर है। हक्सले महोदय भी इस पत्र को देख चुके हैं और काफ़ी हद तक सहमत हैं", हुकर ने खड़े होकर कहा

यह सुनते ही सभा में कुछ सन्नाटा सा छा गया। थॉमस हक्सले जीवविज्ञान के क्षेत्र में एक बड़े नाम थे। कुछ देर बाद एक दर्शक ने खड़े होकर कहा,

"अगर ऐसा है तो मैं सोसाइटी को निवेदन करूँगा कि इन पत्रों के पक्ष में स्वयं आकर दलील प्रस्तुत करें। मेरा यह भी सुझाव है कि इसके विपक्ष में दलील प्रस्तुत करने के लिए भी किन्ही गणमान्य को आमंत्रित किया जाए", एक वृद्ध श्रोता ने प्रस्ताव रखा

"यह उचित है। मुझे स्वयं भी इस विषय में शंका है। क्या ऐसा आयोजन संभव है, हुकर महोदय?", अध्यक्ष ने पूछा

"यह तो स्वयं श्रीमान हक्सले ही बता सकते हैं। मुझे कुछ समय दें। अगर वह मान जाते हैं, तो मैं विपक्ष की दलील के लिए एक खुला निमंत्रण रख दूँगा।", हुकर ने कहा

सभा समाप्ति के बाद अध्यक्ष ने हुकर और ल्येल को कोने में ले जाकर कहा, "मुझे लगता है कि आप लोगों ने ख़ामख़ा मुसीबत मोल ले ली है। इस खुले निमंत्रण में पादरियों की भीड़ लग जाएगी। उसके बाद जो वाद-विवाद होगा, वह मात्र विज्ञान विमर्श नहीं रह जाएगा। कम से कम यहाँ मैं यह नहीं होने दे सकता"

जब हुकर ने हक्सले के सामने यह प्रस्ताव रखा तो उन्होंने कुछ सोचा और कहा,

"मैं तो इसी क्षण की प्रतीक्षा कर रहा था। आप डार्विन महोदय को कहें कि अपना शोध पूरा कर मुझे भेज दें। उन्हें स्वयं आने की ज़रूरत नहीं। (मुस्कुरा कर) एक बार हमेशा के लिए वाद-विवाद खुल कर हो ही जाए कि यह दुनिया किसने बनायी।"

"पुस्तक किसी चम्मच, हथौड़े, कैंची या चक्की की तरह है। एक बार तैयार हो गयी, तो इसे बदलना मुश्किल है।"

-उम्बर्तो एको

बाइस साल तक अपनी किताब पर काम करते हुए जब उसे आखिर प्रकाशित करने का वक्त आया, चार्ल्स डार्विन घबराए हुए थे। उनकी चिंता यह भी थी कि किताब आखिर खरीदेगा कौन? प्रकाशक उन्हें छापेंगे क्यों?

चार्ल्स ल्येल ने उन्हें प्रकाशक जॉन मरे का नाम सुझाया। मार्च 1859 में उन्होंने एक आशंका भरी चिट्ठी प्रकाशक को भेजी,

"महोदय! मेरे शोध के विषय में यह चर्चा पहले से हो रही है कि यह परंपरा और आस्था के विरुध्द है, किंतु मेरी पुस्तक में ऐसी कोई बात नहीं है। इसका शीर्षक मैंने सोचा है-An abstract on the essay on the Origin of Species and Varieties through Natural Selection

प्रकाशक ने एक जवाबी चिट्ठी भेजी,

"डार्विन महोदय! पुस्तक लंबी हो तो कोई बात नहीं, शीर्षक छोटा कर दें। अगले हफ़्ते पांडुलिपि के पहले तीन अध्याय भिजवा दें।"

डार्विन ने लिखा,

"अगले हफ़्ते तो संभव नहीं। पहले तीन अध्याय नकल करने गए हैं। कुछ लंबे हैं तो नकल बनने और देखने में वक्त लगेगा। शीर्षक छोटा कर रहा हूँ-Through natural selection or the preservation of favoured races. अध्याय सूची भी संलग्न कर रहा हूँ"

प्रकाशक ने जवाब दिया,

"अध्याय सूची अच्छी है। हम छापने को तैयार भी हैं। मगर शीर्षक अभी भी बहुत लंबा है। हमारे प्रकाशक आम पाठक होते हैं। उसी हिसाब से शीर्षक बनाएँ। आपको हम कुल लाभ का साठ प्रतिशत देने को तैयार हैं"

डार्विन ने उत्तर दिया,

"प्रजातियों का प्राकृतिक चयन तो शीर्षक से नहीं हटाया जा सकता। मानदेय

स्पीशीज वाला

मुझे मंज़ूर है, किंतु आप एक बार पूरी पांडुलिपि देख लें। मैं नहीं चाहता कि आपका प्रकाशन मेरी किताब की वजह से घाटे में चला जाए"

प्रकाशक ने लिखा,

"आप लाभ-हानि की चिंता न करें। हमें मालूम है कि हम किनको छाप रहे हैं। शीर्षक कृपया छोटा करें। कुछ ऐसा कि पाठक शीर्षक देख ही लपक पड़ें।"

अप्रैल 1859 में डार्विन ने लिखा,

"मेरी तरफ़ से आख़िरी शीर्षक सुझाव है-On the mutability of species. पहले तीन अध्याय संलग्न कर रहा हूँ"

प्रकाशक ने लिखा,

"मैं विशेषज्ञ विटवेल एल्विन के पास पढ़ने भेज रहा हूँ, किंतु डार्विन महोदय! यह म्यूटेबिलिटी शब्द भारी-भरकम है। कुछ आसान शीर्षक सोचें। स्पीसीज शब्द सहज है"

डार्विन ने अगस्त में लिखा,

"अब मेरी सोचने की क्षमता कम हो रही है। मुझे प्रकाशन व्यवसाय की जानकारी नहीं। आपलोग ही कुछ सोच कर सुझाएँ। आखिरी अध्याय छोड़ कर पूरी पांडुलिपि संलग्न कर रहा हूँ"

प्रकाशक का उत्तर सितंबर में मिला,

"आपकी पांडुलिपि पर एक नज़र डाल ली गयी है। कुछ सुझाव मिले हैं-

1. आप कोई ठोस सिद्धांत रखने की चेष्टा न करें, बल्कि प्रजातियों के विषय में विचार मात्र रखें

2. शीर्षक सुझाव है-An essay on the origin of species and varieties

3. एल्विन महोदय ने कहा है कि कबूतरों की चर्चा अधिक की जाए। इंग्लैंड में सभी को कबूतरों में रुचि है।"

डार्विन ने लिखा,

"मैंने कोई सिद्धांत नहीं रखा है, किंतु आपके सुझाव का ध्यान रखूँगा। शीर्षक उचित है, किंतु स्पीसीज और वेराइटीज दोनों रखने का अब तुक नहीं। रही बात कबूतरों की, तो जितना जानता हूँ, लिख चुका। अब उस विषय पर पन्ने कैसे भरूँ?"

प्रकाशक का उत्तर मिला,

"धन्यवाद! आपकी पुस्तक हम नवंबर में प्रकाशित कर बाज़ार में ला रहे हैं। कुल 1250 प्रतियाँ छापी जाएगी। पंद्रह शिलिंग मूल्य रखी जाएगी, जो इतनी मोटी पुस्तक के लिए वाजिब है। शीर्षक होगा-On the Origin of Species. कृपया सहमति दें"

22 नवंबर को पुस्तक बाज़ार में आयी, और उसी हफ़्ते पहला संस्करण खत्म हो गया। जनवरी में जब दूसरा संस्करण छपा तो उसमें पादरियों द्वारा उठाए गए प्रश्नों के उत्तर भी सम्मिलित किए गए।

लेकिन आग तो लग चुकी थी!

अक्सर मिसाल दी जाती है कि कुछ लोग खुद नहीं बोलते, मगर उनका काम बोलता है। चार्ल्स डार्विन या अल्फ्रेड वालेस, दोनों ही अपने विचार लिख कर लगभग चुप हो गए थे। वालेस तो ख़ैर इंग्लैंड में थे ही नहीं, डार्विन अपने प्रकाशक के आग्रह के बावजूद कहीं वक्तव्य या साक्षात्कार देने में रुचि नहीं दिखा रहे थे। पुस्तक पर जो प्रश्न उठाए जा रहे थे, उसके उत्तर देने में वह वक्त लगाते और कई प्रश्न अनुत्तरित रखते। इस कारण ऐसी नौबत आने लगी थी कि उनके विचार बहुत जल्द ख़ारिज कर दिए जाते।

"डार्विन महोदय! जिस तरह ईसाईयत के रखवाले आपकी पुस्तक के पीछे पड़े हैं, आपको सार्वजनिक उत्तर देना ही होगा", थॉमस हक्सले ने कहा

"मेरे पीछे कोई नहीं पड़ा। मैं तो बड़े आराम से घर पर बैठा हूँ। हमारे स्थानीय पादरी इन्नेस कभी-कभार हाल-चाल पूछते रहते हैं, मगर पुस्तक के विषय में कुछ नहीं कहते", डार्विन ने मुस्कुरा कर कहा

“आप लंदन में होते तो आराम नहीं फरमा पाते। वहाँ तो आपके बदले हमें जवाब देना पड़ रहा है। बल्कि इसी कारण मैं आपकी किताब तीन बार पढ़ चुका हूँ।”

“आपका पढ़ना तो मेरे लिए भी आवश्यक है। मुझे कई त्रुटियाँ सुधारने में आपकी सहायता चाहिए।”

“श्रीमान! आप यह बात मुझसे भले कह दें, लेकिन सार्वजनिक रूप से त्रुटियों की बात न करें। यूँ ही अख़बारों में यह लिखा जा रहा है कि आपके सिद्धांत में कई त्रुटियाँ हैं। आप स्वयं स्वीकार लेंगे तो...”

“मैंने तो पुस्तक में ही कई बार स्वीकारा है। त्रुटियाँ और शंकाएँ तो कई हैं। हर संस्करण में सुधारता जा रहा हूँ। मैं नियमित पाठकों और गुणीजनों की टिप्पणियाँ पढ़ रहा हूँ, जिससे मेरी पुस्तक परिष्कृत हो रही है। ऐसे कई तर्क हैं जो मैंने सोचे ही नहीं थे।”

“एक विशेष त्रुटि का निवारण अत्यावश्यक है। आपने कई प्रजातियों के विषय में लिखा है, लेकिन मानव का क्या? उस विषय में आपने फौरी टिप्पणी ही की है।”

“मैंने मानवों या किसी भी उस दर्जे के रीढ़धारी के विषय में बहुत कम ही लिखा है। उन पर शोध तो अभी करना बाकी है।”

“आपकी इन्हीं बातों से मेरा धैर्य टूट जाता है। बीस साल शोध कर पुस्तक लिखने के बाद भी आप कह रहे हैं कि शोध करना बाकी है! क्या आप प्राकृतिक चयन का तर्क मानव पर नहीं लगा सकते?”

“यह तो मानव से मिलती-जुलती कई प्रजातियों को देख-समझ कर ही संभव होगा। अभी मेरे पास ऐसा कोई अध्ययन नहीं है।”

“आपने स्वयं लंदन के चिड़ियाघर के ओरांगुटान की चर्चा की थी कि उसके व्यवहार मानव से मिलते थे”

“(हँस कर) हाँ! जेनी के विषय में। लेकिन वह मेरे जीवन में देखी पहली और आख़िरी ओरांगुटान थी। मात्र उस आधार पर कुछ भी कहना...”

"क्या ऐसा नहीं हो सकता कि मानव किसी महाप्राकृतिक चयन से विकसित हुए हों? ऐसी बुद्धि, ऐसे गुण, जो उनके किसी समकालीन पूर्वज में न रहे हों"

"हो सकता है किंतु…"

"मानव के अपेंडिक्स को ही लें। यह अन्य रीढ़धारी पशुओं में एक ज़रूरी अंग है। मानव में यह किसी कार्य की नहीं रही। ज़ाहिर है यह एक क्रमिक रूपांतरण को दर्शाता है"

"मैंने भिन्न-भिन्न पशुओं के अपेंडिक्स जीवन में कभी नहीं देखे। आपने देखे हैं। इसलिए मैं इस विषय में कुछ विशेष नहीं कह पाऊँगा।"

"मैं तो कहूँगा ही। आपके शोध के आधार पर। मुझे आपके बचाव में एक वाद-विवाद के लिए कहा गया है, इसलिए आपके मुँह से सुनना चाहता हूँ।"

"आप उतना ही कहें जितना मैंने अपनी पुस्तक में लिखा है। यही उचित होगा।"

"सिर्फ़ उतना कहना काफ़ी नहीं है। अगले महीने तीस तारीख़ को ऑक्सफ़ोर्ड में यह आयोजन है। तमाम पादरी वहाँ पहुँच रहे हैं। आपकी तरफ़ से मात्र मैं और हुकर वहाँ मौजूद होंगे।"

"(मुस्कुरा कर) फिर तो आपके लिए यही उचित होगा कि मानव के प्रश्न से दूर रहें"

"डार्विन महोदय! मुझे आपकी पुस्तक पढ़ कर लगभग विश्वास है कि तमाम अन्य प्रजातियों की तरह मानव भी किसी मानव जैसे आदि-पूर्वज से विकसित हुए होंगे"

"आपका यह विश्वास ही तो मेरी चिंता है, क्योंकि ऐसा विषय जो हमारे देखने का नज़रिया हमेशा के लिए बदल दे, वहाँ 'लगभग' की गुंजाइश नहीं है, श्रीमान हक्सले!"

क्यूँकि सच कड़वा होता है

मैं जब ऑक्सफ़ोर्ड विश्वविद्यालय गया, तो वह पहली नज़र में किसी कालेज के बजाय विशाल सामंती प्रांगणों में बने विक्टोरिया कालीन भवनों के समूह की तरह दिखा। इन भवनों के मध्य गुजरती कृत्रिम नहरें और उनमें चल रही नौकाएँ एक भिन्न ही भ्रांति प्रस्तुत कर रही थी। लेकिन जब दूसरी नज़र डालते हैं तो वहाँ खूबसूरत और कीमती रोशनाई कलमों की दुकानें, दुनिया के सबसे विशाल पुस्तक दुकानों जैसी मिसालें, पुस्तकालय, और शोधार्थियों की चहलक़दमी दिखने लगती है। यह पूरा नगर ही विश्वविद्यालय है, और इसी से कई उपमाएँ जन्म लेती है।

ऐसा प्रतीत होता है कि यहाँ कई वैचारिक वाद-विवाद हुए होंगे। उस दिन भी कुछ ऐसा हुआ, जिसकी कहानी मैं कहने जा रहा हूँ।

30 जून 1860, ऑक्सफ़ोर्ड विश्वविद्यालय हॉल

उस दिन माहौल कुछ अलग था क्योंकि काले लंबे कुर्तों वाले, गले में क्रॉस डाले पादरी सूट-बूट धारी शोधकर्ताओं पर भारी पड़ रहे थे। पूरा आगार कुछ यूँ नज़र आ रहा था जैसे गिरजाघर में कोई ईसाई सम्मेलन हो रहा हो। बहरहाल युवा शोधियों और विद्यार्थियों की मंडली भी थी जो उन्हें सुनने आ गए थे।

सबसे पहले डॉ. जॉन ड्रेपर ने यूरोप के बौद्धिक विकास पर एक लंबा और नीरस वक्तव्य दिया जिसकी वजह से भीड़ कुछ कम हुई। कई युवा चुपके से छिटक लिए।

संचालक ने उनके वक्तव्य के बाद कहा, "अब मैं सम्माननीय बिशप सैमुअल विल्बरफोर्स से आग्रह करूँगा कि मंच पर आकर चार्ल्स डार्विन की पुस्तक पर दो शब्द कहें…"

वह अपना वाक्य पूरा करते, इससे पूर्व ही पादरी विल्बरफोर्स ने लगभग संचालक को धकियाते हुए मंच पर जगह बना ली। उन्होंने अपनी बुलंद आवाज़

में कहा,

"ईश्वर हमें शक्ति दे!

मेरा सौभाग्य है कि मैं आज ऑक्सफ़ोर्ड में वक्तव्य दे रहा हूँ, (हँस कर) और दुर्भाग्य है कि एक निरर्थक पुस्तक पर बात रख रहा हूँ। मैं पहले ही क्वाटरली रिव्यू में उस पुस्तक के हर अध्याय की बखिया उधेड़ चुका हूँ, और यह सिद्ध कर चुका हूँ कि श्रीमान डार्विन एक भटके हुए व्यक्ति हैं। न तो उन्हें विज्ञान की समझ है, न ही ईसाइयत की। खैर (हक्सले की ओर देख मुस्कुराते हुए) ईसाइयत के ज्ञान की उम्मीद तो इन तथाकथित बौद्धिक लोगों से नहीं की जानी चाहिए, किंतु विज्ञान पर तो खरे उतरें।

डार्विन महोदय कहते हैं कि पीढ़ी-दर-पीढ़ी प्रजातियाँ शक्तिशाली हुईं, अनुकूल हुईं, उन्हें मैं समझाना चाहूँगा कि अगर एक शक्ति बढ़ती है, तो दूसरी शक्ति घटती भी है। बुलडॉग एक भारी-भरकम शक्तिशाली कुत्ता है, लेकिन वह तेज दौड़ नहीं सकता।

उन्होंने अपनी किताब में कबूतरों का उदाहरण दिया है कि उनको पालतू बना कर, उनमें नस्लीकरण कर, महज कुछ पीढ़ियों में बदलाव हुए। वह एक बहुत बड़ी ग़लती कर रहे हैं अगर कृत्रिम नस्लीकरण की तुलना ईश्वर की बनायी प्रकृति से कर रहे हैं। डार्विन महोदय! आप उन कबूतरों को अपने लकड़ी के डब्बाबंद कबूतरखाने से निकाल कर उड़ा दें, वे पुनः अपने जंगली रूप में लौट जाएँगे। यही ईश्वर का विधान है, जिसे हम-आप नहीं बदल सकते।

वह आगे लिखते हैं कि पृथ्वी पर सभी प्रजातियों का आदि-पूर्वज एक छोटा समूह या मात्र एक सूक्ष्म जीव हो सकता है। मात्र एक मामूली शैवाल! क्या आपने अपने जीवनकाल में या अपने पूर्वजों से पूछ कर किसी भी एक प्रजाति को दूसरी प्रजाति में बदलते देखा या सुना है? क्या एक शैवाल एक छोटे पौधे में भी बदल सकता है? मैं ताल ठोक कर कहता हूँ कि सौ वर्ष क्या, हज़ार और लाखों वर्षों में भी वह शैवाल एक शैवाल ही रहेगा। वह नहीं बदल सकता!

यहाँ तो कुछ लोग (हक्सले की ओर देख हँसते हुए) मानव के पूर्वज भी तलाश रहे हैं। हम मानवों सी बुद्धि और गुण जानवरों में खोज रहे हैं! आप किसी

स्पीशीज वाला

भी पशु को चाहे कितना भी प्रशिक्षित कर लें, वह आपके अख़बार दरवाजे से ले आएगा, शायद नाचने-गाने भी लगे, लेकिन वह ऑक्सफ़ोर्ड के मंच पर खड़ा होकर बौद्धिक वक्तव्य देने लगे, यह सैकड़ों पीढ़ियों के बाद भी मुमकिन नहीं होगा।''

तालियों की गड़गड़ाहट गूँज उठी। महिलाएँ रूमाल हिला कर अभिवादन करने लगी। हक्सले और हुकर बगले झाँकने लग गए। लेकिन तभी बिशप ने थॉमस हक्सले से मुख़ातिब होकर ऐसी बात कही जिसने माहौल बदल दिया।

''हक्सले महोदय! मैं आपसे पूछना चाहूँगा कि क्या आपके दादा या परदादा बंदर के संतान थे?''

हॉल में सन्नाटा छा गया। आखिर यह ऑक्सफ़ोर्ड था, जहाँ वाद-विवाद में ऐसी निजी टिप्पणियाँ अनुचित मानी जाती। अचानक कई श्रोताओं की संवेदना हक्सले से जुड़ गयी कि आखिर वह इसका क्या उत्तर देंगे।

थॉमस हक्सले अपने स्थान पर खड़े हुए, अपनी ऐनक उतारी, एक बार मुड़ कर श्रोताओं का अभिवादन किया, और मंच की तरफ़ बढ़े।

''सम्माननीय बिशप एवम् यहाँ उपस्थित सभी विद्वजन,

मैं अपनी और आप सभी की तमाम शंकाओं के साथ श्रीमान चार्ल्स डार्विन की सद्यः प्रकाशित पुस्तक 'प्रजातियों की उत्पत्ति' पर चर्चा करने उपस्थित हुआ हूँ। चूँकि मेरी विशेषज्ञता जीव-विज्ञान में है, मैं उसी आधार पर अपनी बात रखूँगा। मैं यह स्वीकार करता चलूँ कि डार्विन महोदय से असहमति भरे पत्राचार का मेरे पास लंबा संग्रह है। मेरी कई असहमतियों से वह सहमत भी हुए, इसलिए यह कहना कि उनकी पुस्तक अंतिम सत्य है, यह उनके शब्दों में भी उचित नहीं है।

अब मैं वैज्ञानिक दृष्टि से उनके विमर्श को रखता हूँ। मैंने भिन्न-भिन्न रीढ़धारी पशुओं की शारीरिक संरचना की तुलना की है। मैंने इस दिशा में इन पशुओं के अंग, रीढ़ की हड्डी, मस्तिष्क आदि का परीक्षण किया है। मैंने इनका (हाथ उठा कर दिखाते हुए) अपने हाथों से विच्छेदन किया है, उन्हें छूकर परखा है। आपको यह जान कर शायद हैरानी न हो कि जैसे मनुष्य की रीढ़ की हड्डी और मस्तिष्क

होते हैं, अन्य रीढ़धारियों की संरचना भी बाह्य रूप से मिलती-जुलती है। हमारे हृदय की तरह उनके शरीर में भी रक्त-संचार होता है। (बिशप की तरफ़ देखते हुए) मनुष्य भी एक रीढ़धारी प्राणी हैं, जो इस पृथ्वी पर विचरण कर रहे हैं। कुछ यहाँ इस हॉल में बैठे हैं।

डार्विन महोदय की पुस्तक अनेक जीव-जंतुओं की तुलना करती है। उनकी समानताओं और भेद की चर्चा करती है। उनकी पुस्तक एक प्रजाति की विविधता की भी चर्चा करती है। यह कार्य उन्होंने भी मेरी तरह इन प्रजातियों का विच्छेदन कर, छूकर, परख कर किया है। यह वैज्ञानिक प्रक्रिया है, जिससे हमें प्रकृति से जुड़े प्रश्नों के उत्तर मिलते हैं और भविष्य के विज्ञान की एक सशक्त आधारशिला तैयार होती है।

वर्षों से की जा रही इस वैज्ञानिक प्रक्रिया से एक शोध तैयार होता है, जिससे कुछ निष्कर्ष निकलते हैं, किंतु वह अंतिम नहीं होते। यह इस प्रक्रिया की विशेषता है कि जिज्ञासा सतत बनी रहती है। हम किसी सत्य के पूर्वाग्रह से ग्रस्त नहीं होते।

मैं यह कहना चाहूँगा कि बिशप महोदय ने जब अपनी आलोचना क्वाटरली रिव्यू में लिखी, तो वह वैज्ञानिक दृष्टि से भी पठनीय थी। उन्होंने काफ़ी हद तक तर्कसंगत विचार रखे, जिसकी प्रशंसा स्वयं डार्विन महोदय ने भी की। आज के वक्तव्य में अगर अंतिम पंक्ति को अलग रख दें, तो उनके तर्क वही थे, जो उन्होंने पहले लिखे हैं।

अब उस अंतिम पंक्ति पर आता हूँ जिसमें उन्होंने वानर से मानव के क्रमिक विकास पर तंज किया। मेरे विचार से यह उन्होंने अपनी वाक्पटुता दर्शाने के उद्देश्य से किया होगा, जिसकी उन्हें बहुत आवश्यकता नहीं है। हम सभी इस बात से वाक़िफ़ हैं कि आप एक सम्मोहक वक्ता हैं। किंतु अगर आप पूरी पुस्तक पढ़ कर यह तर्क रख रहे हैं तो मुझे हैरानी है। डार्विन महोदय ने अपने पुस्तक में ऐसे किसी रूपांतरण पर नहीं लिखा है। आप इस तर्क पर अब भी अड़े हैं, तो मेरा मानना है कि आपने क्रमिक रूपांतरण को समझा नहीं है।"

बिशप बैठे-बैठे ऊँची स्वर में बोलते हैं-मेरी ज़ुबान कभी आपकी तरह लड़खड़ाती नहीं। मैं हमेशा सत्य ही बोलता हूँ।

"धन्यवाद, बिशप महोदय! अच्छा हुआ आपने स्पष्ट कर दिया। अब मैं आगे कहना चाहूँगा कि संभव है कि वानर, गोरिल्ला, ओरांगुटान, चिंपांजी आदि की शारीरिक संरचना मिलती हो, लेकिन इनका आपसी रूपांतरण क्रमिक विकास नहीं है। हमें यह देखना होगा कि हमें जो जीवाश्म मिल रहे हैं, वह किन प्रजातियों के मिल रहे हैं। क्या ये वही प्रजातियाँ हैं, जो हमारे मध्य हैं? हम पायेंगे कि यह बहुधा एक भिन्न प्रजाति समूह है, जो अब लुप्त हो चुके हैं। किसी भी पशु की हू-ब-हू वही प्रजाति इन जीवाश्मों में नहीं मिलती।

(हाथ से मेज थपथपा कर) मनुष्य की भी नहीं! न ही शारीरिक संरचना के अनुसार, न बौद्धिक विकास के अनुसार।

विद्वज्जन! हम आज ऑक्सफ़ोर्ड में यह वक्तव्य दे रहे हैं, किंतु लाखों वर्ष पहले नहीं दे रहे थे। यह है एक प्रजाति का क्रमिक रूपांतरण जो अपनी ही प्रजाति में प्राकृतिक चयन और संघर्ष के आधार पर संभव है!

मनुष्य का उदय वानर से नहीं, बल्कि मानव प्रजाति के एक आदि-पूर्वज से हो सकता है। संभव है कि वे उस बड़े समूह से हों जिसमें अन्य ऐसे मिलते-जुलते आदि-पूर्वज भी अन्य शाखाओं से हों। मसलन वानर, गुरिल्ला, चिंपांजी के आदि-पूर्वज।

रही बात शैवाल से मानव या अन्य जीवों तक की यात्रा की, तो इस पर हमारे पास निष्कर्ष नगण्य हैं। मैं सहमत हूँ कि हम में से किसी ने अपने जीवनकाल में यह रूपांतरण नहीं देखा। हम जो देख रहे हैं वह प्रजाति-विशेष का क्रमिक विकास ही है। मानव का उदाहरण लें तो कुछ हद तक बौद्धिक विकास। परिस्थिति के अनुसार परिवर्तन अन्य जीवों में भी हो रहे हैं, जैसा डार्विन महोदय ने गलापागोस द्वीप के पक्षियों के उदाहरण में प्रस्तुत किया। अगर ऐसे परिवर्तनों को हम कालखंडों के बड़े फलक पर देखें, तो लुप्त प्रजातियों से जीवित प्रजातियों के मध्य कड़ी मिल सकती है। संभव है कि आज उड़ रही चिड़िया के किसी आदि-पूर्वज के जीवाश्म हमें मिलें, और उसके बाद की कड़ियाँ भी मिलती जाए। किंतु ऐसे शोध में डार्विन महोदय ने अगर बीस वर्ष दिए, आने वाली पीढ़ियों को भी देने होंगे।

हम अक्सर अपने पूर्वाग्रहों के कारण ऐसे प्रश्नों से दूरी बना लेते हैं। मैं आप ऑक्सफ़ोर्ड के युवाओं से कहना चाहूँगा कि आप भविष्य हैं, और कृपया किसी पूर्वाग्रह से न बंधें। सतत शोध करते रहें, प्रश्नों के उत्तर ढूँढते रहें। डार्विन महोदय के जीवन और (पुस्तक हाथ में लेकर) इस पुस्तक का हासिल यही है।

बिशप महोदय! आपने मुझसे पूछा कि क्या मेरे परदादा या परनाना वानर के संतान थे। हालाँकि मैंने इस प्रश्न का उत्तर देने की चेष्टा की है, किंतु मैं आपकी ही भाषा में इसका उत्तर देकर अपना वक्तव्य समाप्त करना चाहता हूँ। जैसा आपने कहा कि मनुष्य अन्य पशुओं से श्रेष्ठ इसी कारण है कि उसकी बौद्धिक क्षमता कहीं अधिक है। वह हमारी-आपकी तरह वाद-विवाद कर सकता है। वह प्रश्न रख सकता है, सत्य की जिज्ञासा रख सकता है।

अगर मेरे पास विकल्प होता तो मुझे प्रसन्नता होती कि मेरे पूर्वज एक साधारण वानर होते, बजाय ऐसे व्यक्ति के जो अपने पद से, अपनी वाक्पटुता और अपने पूर्वाग्रह से सत्य-शोध को दबाना चाहते हैं।

धन्यवाद"

तालियों की गड़गड़ाहट गूँज उठी। युवाओं के हुजूम केंद्र में आकर हक्सले को बधाई देने लगे। बिशप कुछ कहने खड़े हुए, लेकिन शोर-गुल में उनकी आवाज़ दब गयी। हाथ में बाइबल लिए एक ईसाई महिला ब्र्यूस्टर बेहोश होकर गिर गयी।

एक बुजुर्ग उस उन्मादी भीड़ से किसी तरह निकल कर बाइबल लिए मंच तक पहुँचे और चिल्लाने लगे,

"सुनिए आप लोग! ध्यान से सुनिए! सिवाय इस पुस्तक के अध्याय जेनेसिस के कुछ भी सत्य नहीं...मैं कप्तान रॉबर्ट फिज़रॉय...मैंने ही अपने बीगल जहाज पर डार्विन को जगह दी थी...मुझे इसका पछतावा है...बाइबल ही सत्य है... बाकी सब झूठ"

उस कोलाहल में उनकी आवाज़ कमजोर पड़ने लगी थी। वह मंच पर लड़खड़ाने लगे। बाइबल छूट कर हाथ से गिर गयी।

हुकर भाग कर उनके पास पहुँचे, "कप्तान! खुद को संभालें!"

उन्होंने बाइबल उठाते हुए कहा, "तुम मुझे जानते हो?"

"आपको कैसे नहीं जानूँगा? डार्विन अक्सर कहते हैं कि कप्तान फिज़ रॉय के बिना उनकी कहानी अधूरी है"

"सब ईश्वर की कृपा है। जिसे जिस कहानी का हिस्सा बना दे…कोई चाहे या न चाहे…", फिज़ रॉय ने अपनी छड़ी ली, तन कर खड़े होकर बाहर निकल गए

यूँ तो बीमार होना कोई नहीं चाहता। ख़ास कर लंबी लाइलाज बीमारी जो पूरे जीवन साथ चले, वह तो कतई नहीं। ऐसे में कुछ भी सकारात्मक या महत्वपूर्ण करना बहुत कठिन है। चार्ल्स डार्विन लगभग आजीवन बीमार रहे। वह उन बड़े आयोजनों या वाद-विवाद में नहीं जा सके, जो उनकी पुस्तक से संबंधित थे। वहीं दूसरी तरफ़ इस बीमार अकेलेपन में उन्हें शोध का पर्याप्त समय मिल रहा था। जब कहीं आना-जाना ही नहीं, तो चिट्ठियाँ लिखना, कबूतरों, खरगोशों, कीड़े-मकोड़ों, पेड़-पौधों पर काम करना, यही उनकी दिनचर्या बन गयी थी।

डार्विन को क्या बीमारी थी, यह आज तक स्पष्ट नहीं। ऐसे क़यास लगते हैं कि उनके पेट में छाले थे। दक्षिण अमरीका के एंडीज पहाड़ों में उन्हें एक कीड़े ने काट लिया, जिससे उन्हें 'शागास'[1] नाम की एक बीमारी भी हो गयी जो हृदय को कमजोर कर देती है।

"डॉ. गली! इनकी तो अब आदत हो गयी कि काम करने बैठते हैं। उठ कर उल्टी करते हैं। थोड़ी देर लेट जाते हैं। वापस कुछ लिखने बैठ जाते हैं। यही चक्र चलता रहता है", डार्विन की पत्नी एम्मा ने कहा

"यह तो बेहतर ही है कि इतनी ऊर्जा बच जाती है कि काम कर सकें। मुझे लगता है जल-उपचार की मदद मिल रही है।"

"आपको नहीं लगता कि इन्हें अधिक आराम करना चाहिए?"

"(हँस कर) हम डाक्टरों का तो काम ही है मरीजों को आराम की सलाह देना। लेकिन यह मत भूलिए कि आपके पति चार्ल्स डार्विन हैं! इनका शरीर

---

1 Chagas disease

आराम करना भी चाहे तो दिमाग इजाज़त नहीं देगा। (डार्विन की ओर देख कर) वैसे अब क्या धमाका करने वाले हो, चार्ल्स?"

"(तकिए से सर उठा कर पानी का गिलास हाथ में लेते हुए) डाक्टर! मेरी हालत देख कर लगता है कि मैं कोई धमाका कर पाऊँगा?", डार्विन ने कहा

"(हँस कर) तुम बहुरूपिये हो! तुम्हें देख कर तो वाकई कोई नहीं कह सकता कि इतना कमजोर व्यक्ति पूरे इंग्लैंड के गिरजाघरों की नींव हिला सकता है!"

"आप भी उन उत्साही पत्रकारों जैसी बातें करने लगे हैं। मेरा ऐसा कोई इरादा नहीं…(हाँफते हुए) हाँ! अख़बार से याद आया कि अमरीका में गृह युद्ध चल रहा है"

"हाँ! अब्राहम लिंकन ने ऐसी मुहिम शुरू की है कि न जाने कितनी मौतें होंगी"

"दास-प्रथा तो खत्म होनी ही चाहिए। हम इंग्लैंड में कब से ऐसी मुहिम चला रहे हैं, मगर गुलामी खत्म ही नहीं होती", डार्विन उठ कर बैठ गए

"नहीं डार्विन! उन नीग्रो नस्लों के लिए बेहतर है कि दास बन कर ही रहें। उनकी बौद्धिक क्षमता इतनी नहीं कि स्वतंत्र कार्य कर सकें।"

"मुझे ताज्जुब है कि आप ऐसी सोच रखते हैं।"

"हाँ हाँ! मालूम है तुम्हारा तो ख़ानदान ही दास-प्रथा का विरोध करता रहा है। लेकिन यह बौद्धिक जुगाली के अलावा कुछ नहीं। हम अंग्रेज़ों की बुद्धि और ज्ञान के मुक़ाबले कई नस्लें अभी बहुत पीछे है। आखिर तुमने ही तो प्राकृतिक चयन और संघर्ष जैसी बातें लिखी है। वह आखिर क्या है? नस्लों में श्रेष्ठ ही मालिक बनेंगे, और कमजोर गुलाम…"

"(मुस्कुरा कर) इसका अर्थ है कि मेरी सोच के ठीक उलट बात पहुँच रही है। ऐसा मैंने कभी नहीं लिखा। अमरीका में नीग्रो की गुलामी किसी प्राकृतिक चयन का हिस्सा नहीं। बल्कि, यह संभव है कि अफ्रीका के मानव अधिक समय से इस पृथ्वी पर रह रहे हों"

"अब तुम यह तर्क तो नहीं रखने वाले कि ये काले जंगली लोग हमारे पूर्वज

हैं! अगर ऐसा हुआ तो पादरी ही नहीं, पूरे इंग्लैंड का कोप झेलना पड़ेगा। शायद मेरा भी"

"डाक्टर! अब मुझे इजाज़त दें। मैं बेहतर महसूस कर रहा हूँ।", बिस्तर से उतरते हुए

"अरे! तुम तो नाराज़ हो गए? मैं मज़ाक़ कर रहा था। यूँ भी इन विषयों में तुम्हारी समझ मुझसे बेहतर है।"

"नहीं! नाराज़ नहीं। आपकी सोच तो आधे अमरीका की सोच है। लड़ाई की जड़ ही यही है। बस एक अधूरा काम शुरू किया था, वह अब पूरा करना आवश्यक हो गया है"

"कैसा अधूरा काम?"

"मैंने अपनी पुस्तक में मानवों के उदय पर नहीं लिखा। मेरे पास इस विषय पर जानकारियाँ कम हैं। आज यह अफ्रीका वाली बात यूँ ही जेहन में आ गयी। मुझे लगता है कि अगर इस दिशा में काम करूँ, तो शायद गुलामी के ख़िलाफ़ एक वैज्ञानिक तर्क भी होगा"

"उस तर्क का करेंगे क्या? अगर तुम यह सिद्ध भी कर दो कि मनुष्य के पूर्वज अफ्रीका में रहे होंगे, तो इससे अमरीका का गृह युद्ध नहीं रुकने वाला"

"यह कार्य तो लिंकन महोदय का है कि गृह युद्ध कैसे रोकें। हमें तो वही कार्य करना चाहिए, जो हम अपनी क्षमता में कर सकते हैं। आपने मेरा उपचार कर अपना कार्य पूरा किया। अब मेरा काम है कि घर जाकर अपना शोध पूरा करूँ"

"तुम भी अजीब हठधर्मी व्यक्ति हो। अपनी मर्जी से यहाँ आते हो, अपनी मर्जी से चले जाते हो। वैसे अब्राहम लिंकन और तुम्हारे में एक कमाल की समानता बताऊँ?"

"(हँस कर) हमारे मध्य आखिर क्या समानता हो सकती है? वह ठहरे एक मज़बूत राष्ट्रपति और मैं एक कमजोर बीमार व्यक्ति"

"(डाक्टर ने फ़ाइल पर उंगली रख कर पढ़ते हुए कहा) 12 फरवरी, 1809. तुम और लिंकन एक ही दिन इस पृथ्वी पर जन्मे थे!"

क्यूँकि कुछ प्रश्नों का उत्तर कोई नहीं जानता

मानव के पूर्वज कौन थे? इस प्रश्न का उत्तर डार्विन के पास नहीं था। न ही बीमारी के कारण इस विषय पर आगे काम करना आसान था। थॉमस हक्सले ने एक ऐक्स (X) क्लब बना लिया था, जिसमें बंदर और मनुष्य की समानता पर विमर्श होता। डार्विन को स्वाभाविक रूप से वहाँ न्यौता मिला, लेकिन उन्होंने अपनी नाज़ुक हालत के कारण मना कर दिया। उन्हें ऐसे बातूनी क्लबों से अधिक किसी गंभीर शोधी की तलाश थी।

भाग्य से उन्हीं दिनों अल्फ्रेड वालेस इंग्लैंड लौटे। वही वालेस जिन्होंने मलय और इंडोनेशिया द्वीपसमूह से प्राकृतिक चयन के सिद्धांत लिखे। वही वालेस जिनका नाम डार्विन के साथ हमेशा के लिए जुड़ गया। संयुक्त शोध-पत्र लिखने के बाद जब वे पहली बार मिले, डार्विन की खुशी जल्द ही निराशा में बदल गयी। वालेस अब पहले वाले वालेस नहीं रहे।

1862, डाउन हाउस (डार्विन आवास)

"अल्फ्रेड! आखिर तुम आ ही गए। मुझे तो लगा कि तुमने इंग्लैंड से नाता ही तोड़ लिया...इस लंबी यात्रा में क्या-क्या बाँध कर लाए हो?", डार्विन ने खड़े होकर स्वागत करते हुए कहा

"कैसे हैं डार्विन महोदय? अब तो इंग्लैंड में आपकी वजह से मुझे भी लोग जानने लगे हैं। कल ही ब्रिटिश संग्रहालय में एक व्यक्ति को जब मैंने अपना नाम बताया, उसने तपाक से पूछा-आप वही वालेस हैं न जिन्होंने डार्विन के साथ प्राकृतिक चयन का सिद्धांत दिया? मैंने कहा-सिद्धांत तो डार्विन महोदय का ही है। मैंने तो सिर्फ़..."

"अरे नहीं! सिद्धांत जितना मेरा है, उतना ही तुम्हारा है। यह बात ज़रूर है कि मैं इसे अभी पक्का सिद्धांत नहीं मानता"

"आप ने तो मेरे मन की बात पढ़ ली। मुझे भी ऐसा लगता है कि यह सिद्धांत अधूरा है।"

"तुम्हें क्या-क्या कमियाँ मिली?"

"आपसे अब कैसे कहूँ? मैंने मलय के मूल निवासियों को देखा। जावा के लोगों से मिला, जो स्वयं को हिंदू कहते हैं। ऑस्ट्रेलिया और एशिया का वह संधि-बिंदु देखा"

"हाँ! तुमने तो वह ऐतिहासिक कड़ी ढूँढ ली, जो दो प्रजातियों का रूपांतरण दर्शाती है। सुना है अब वह बिंदु तुम्हारे नाम से जाना जाएगा। वालेस लाइन!"

"ये अपने देश वालों की बुरी आदत है, श्रीमान। आपके नाम से दक्षिण अमरीका के एक पर्वत का नाम रख दिया। मेरे नाम से अब यह रेखा रख रहे हैं। इससे बेहतर यह नहीं होता कि वहाँ के मूल निवासियों के नाम पर रखते?"

"बिल्कुल! ऐसा ही करना चाहिए था। तुम प्राकृतिक चयन पर कुछ कहने वाले थे…"

"जी! आप विश्वास नहीं करेंगे जब मैंने आपको पहली बार इस विषय में चिट्ठी लिखी, मुझे ऐसा ज्वर था कि बस उस रात मरने ही वाला था। मैं समंदर किनारे एक गुफ़ा में लेटा था, जब अचानक उसके छिद्र से एक रोशनी आयी, और यह विचार मेरे मन में जैसे किसी दैवीय शक्ति से आ गयी"

"दैवीय शक्ति? यह तुम कैसी बातें कर रहे हो?"

"डार्विन महोदय! हम इंग्लैंड के लोगों को कई चीजें अविश्वसनीय लगती है। दूसरी सभ्यताएँ कमजोर दिखती हैं। किंतु मैंने ऐसे समाज देखे जो आध्यात्म की नींव पर चलती है। वहाँ घटनाएँ इसी तरह घटती है, जैसा मैंने आपको कहा। प्रकृति के संकेत से"

"मुझे तुम्हारी बात बिल्कुल समझ नहीं आ रही। आखिर तुम कहना क्या चाहते हो?"

"मैं कुछ स्पष्ट करने की चेष्टा करता हूँ। साधारण जीवों पर प्राकृतिक चयन लागू हो सकता है। एक तितली या एक कीट के रूपांतरण हो सकते हैं। किंतु मनुष्य

के पास एक ऐसी शक्ति है, जो इस सिद्धांत से परे है। आध्यात्मिक शक्ति!"

"तुम्हारा मतलब बौद्धिक शक्ति से है? यह तो सतत प्राकृतिक चयन से भी संभव है। कालांतर में बौद्धिक विकास हुआ हो…"

"बौद्धिक नहीं। आध्यात्मिक। जो हमें भविष्य का बोध करा सके। जो प्रकृति से संवाद कर सके। जो मृत आत्मा से वार्तालाप कर सके"

"हा हा! तुम अवश्य किसी जादू-टोने वाले व्यक्ति से मिल कर आए हो। इंग्लैंड में भी ऐसे कई लोग हैं। किंतु तुम्हारे मुँह से मृत आत्मा से वार्तालाप जैसे विचार सुन कर चकित हूँ।"

"आप चाहें तो मैं आपको साक्षात दिखा सकता हूँ। हमने एक समूह बनाया है, जहाँ हम मृत आत्माओं को बुलाते हैं। उनसे प्रश्न पूछते हैं। कई संभ्रांत लोग इसमें शामिल हैं, जैसे आर्थर कॉनन डायल…आप तो उनसे परिचित होंगे"

"नहीं। परिचित तो सिर्फ़ मैं तुमसे हूँ। मैं किसी आयोजन में अमूमन जाता नहीं, (हँस कर) लेकिन यह तमाशा ज़रूर देखना चाहूँगा।"

"मुझे यकीन है कि तीन-चार प्रयासों में आप पूरी तरह रोग-मुक्त हो जाएँगे। यह पूरब की गुप्त विद्या है, जिसके बल पर वहाँ के लोग सौ वर्ष से अधिक जीते हैं। मैंने स्वयं मृत्यु से जीवन पाया है…आप चाहें तो हम यहीं आपके घर में यह आयोजन कर सकते हैं"

"यह मेरे लिए बेहतर होगा। मैं और मेरा परिवार तो रहेंगे ही। हक्सले को भी बुलावा भेजता हूँ। तुम चाहो तो अपने मित्रों को भी बुला लो। वह आर्थर…क्या नाम था?"

"आर्थर कॉनन डायल तो नहीं, कवयित्री मैरी इवांस आ सकती हैं"

"वही जो जॉर्ज इलियट नाम से कविताएँ लिखती हैं! बहुत ही प्रभावी कवि हैं। वह भी आएँगी? उन सभी का स्वागत है।"

देर रात डार्विन के घर में यह विचित्र आयोजन शुरू हुआ। चार्ल्स विलियम्स नामक व्यक्ति माध्यम बने जो आत्माओं से संवाद करते। एक मेज के चारों तरफ़ डार्विन, उनकी पत्नी एम्मा, पुत्र जॉर्ज, थॉमस हक्सले, कवयित्री जॉर्ज इलियट और

उनके संगी जॉर्ज लेविस और अल्फ्रेड वालेस बैठ गए। बीच में एक पात्र में अग्नि जलायी गयी। धीरे-धीरे उसमें कुछ पदार्थ डाले जाने लगे। धुआँ घर में फैलने लगा, और चार्ल्स विलियम्स एक अस्पष्ट भाषा में बड़बड़ाने लगे। सबसे पहले जॉर्ज इलियट और उनके संगी वहाँ से निकल लिए।

आखिर डार्विन ने भी बीमारी का बहाना बना कर वहाँ से आज्ञा ली, और अपनी मेज पर बैठ कर अपनी डायरी लिखने लगे,

"आज के इस वाहियात आयोजन के बाद मुझे वालेस के साथ शोध की कोई संभावना नहीं दिखती। इस घर में धुआँ भर कर आज उसने हम दोनों की साझा वैज्ञानिक सोच का गला घोंट दिया है।"

मानव शरीर और आनुवंशिकी पर काम करना आज जितना सहज है, उतना आज से डेढ़ सौ वर्ष पूर्व नहीं था। डार्विन के समय न तो उस स्तर की शल्य-क्रिया थी, न ही डीएनए की खोज हुई थी। यह कहना कि चिंपांजी या बंदर की शारीरिक संरचना कुछ हद तक मनुष्य से मिलती है, और यह कि दोनों के पूर्वज एक समूह से थे, दो भिन्न बातें थी। बीमार डार्विन के लिए यह शोध करना लगभग असंभव था कि भिन्न-भिन्न पशुओं का सम्यक आकलन कर सकें। ऐसे में डार्विन ने वही रास्ता अपनाया जो आज के इंटरनेट युग में हम अपनाते हैं। आज बिस्तर पर लेटे-लेटे भी शोध संभव है, अगर हमें मालूम हो कि आखिर ढूँढना क्या है।

"एम्मा! यह देखो! फ्रांस के एकर महोदय ने मुझे तमाम पशुओं के भ्रूण के चित्र भेजे हैं। मनुष्य के भी...", डार्विन ने उत्साहित होकर कहा

"छी छी! भ्रूण-हत्या तो महापाप है। एक ईसाई व्यक्ति आखिर ऐसा कैसे कर सकते हैं?"

"यह तो मुझे नहीं मालूम कि उन्होंने भ्रूण कहाँ से प्राप्त किए, लेकिन इनकी समानता तो देखो"

"मुझे यह क्या समझ आएगा? सभी तो एक जैसे लग रहे हैं"

"सभी एक जैसे हैं। तभी तो एक जैसे लग रहे हैं। सोच कर बताओ कि इसमें मानव का भ्रूण कौन सा है?"

“यह वाला…(उंगली दूसरे चित्र पर ले जाते हुए) नहीं, नहीं! यह मानव का भ्रूण है”

“हा हा! यह तो कुत्ते का भ्रूण है”

“अरे हाँ! यह रही उसकी लंबी पूँछ…लेकिन ऐसी पूँछ तो सभी चित्रों में है”

“बिल्कुल! यही देख कर तो मैं हैरान हूँ। मानव के रीढ़ की हड्डी का सबसे निचला हिस्सा अपने भ्रूण रूप में एक लंबी पूँछ जैसा है। अन्य पशुओं के समान”

“(खिलखिला कर) फिर यह पूँछ गायब कैसे हो जाती है?”

“सवाल यह नहीं कि गायब कैसे होती है, सवाल तो यह है कि होती ही क्यों है? अगर मानव की उत्पत्ति अन्य सभी पशुओं से भिन्न हुई, तो इस संरचना का औचित्य क्या है?”

“ईश्वर ने कुछ सोच कर ही ऐसा किया होगा। यह बातें हम मनुष्यों को समझ नहीं आएगी”

“(हँस कर) तुम्हारे लिए यह सब कितना आसान है न? कुछ भी समझ न आए तो ईश्वर पर जिम्मा डाल दो। उन्होंने अगर कुछ सोच कर भी बनाया, तो उसे समझने की चेष्टा तो की जा सकती है”

“यूँ तो शरीर में कई चीजें होती हैं जिसका कोई काम नहीं। मुझे तो पशुओं की पूँछ भी निरर्थक ही लगती है। अच्छा है, मनुष्य के पास नहीं।”

“मनुष्य ने शायद त्याग दिया। कभी रही होगी। पूँछ भी, और पूरे शरीर पर घने बाल भी।”

“जब मनुष्य जंगल में रहते थे?”

“मुझे लगता है कि मनुष्य पहले चारों पैरों का उपयोग करते थे। इससे पेड़ों पर चढ़ने में सुविधा होती होगी”

“मनुष्य के तो दो ही पैर होते हैं”

“मेरा मतलब है कि दोनों हाथों की भूमिका पैरों जैसी थी। यह देखो! (एक चित्र निकाल कर दिखाते हुए) हक्सले ने मुझे ओरांगुटान के कंकाल की संरचना

भेजी है। उसके अगले दोनों पैर और मनुष्य के दोनों हाथों की हड्डियाँ एक जैसी है"

"फिर मनुष्य ने अपने पैरों को हाथ क्यों बना लिया?"

"ऐसा संभव है कि मनुष्य पेड़ों से नीचे उतर कर खड़े होकर चलने का प्रयास करने लगे। संभवतः किसी पत्थर को हथियार की तरह उपयोग करने के लिए अगले पैरों को हाथ की तरह उपयोग करने लगे"

"सीधे खड़े होने के लिए तो रीढ़ भी सीधी करनी होगी"

"हाँ! कुछ उसी तरह जैसे एक भ्रूण से शिशु बनने और उसके खड़े होने की प्रक्रिया। यह अगर पीढ़ी-दर-पीढ़ी हो तो रीढ़ का सबसे निचला हिस्सा सिकुड़ता जा सकता है। उसको मिलने वाला रक्त घट सकता है। इस तरह पूँछ के स्थान पर मात्र एक अवशेष बच जाता है।"

"फिर तो तुम्हें हर पशु में ऐसे अवशेषी अंग ढूँढने चाहिए। इससे उस पशु के पूर्वज रूप का अंदाज़ा लग सकता है। मसलन मनुष्य के कान पशुओं की तरह नहीं हिलते, लेकिन एडिनबरा में एक करतब दिखाने वाला आया था जो अपने कान अपनी मर्जी से हिला लेता था"

"शायद उसमें ऐसी मांसपेशियाँ सक्रिय होंगी, जो हमारे शरीर में सक्रिय नहीं रही। मगर वे मौजूद हैं! मुझे मुलर महोदय ने एक और अद्भुत रहस्य बताया। कई सरीसृपों और मछलियों की आँखों पर एक पर्दा होता है, जो जल में रहने वाले कणों आदि से उनकी रक्षा करता है। उसका एक सूक्ष्म अवशेष मनुष्यों में भी होता है"

"इससे क्या सिद्ध होता है? (हँस कर) मनुष्य कभी मछली या मेढक थे! हा हा हा!"

"पता नहीं। लेकिन जिस तरह धीरे-धीरे गायब होते पदचिह्न से पता लगता है कि यहाँ कोई आया था, उसी तरह इन अवशेषों से आदि-पूर्वज का ठिकाना मिल सकता है। (एम्मा की ठुड्डी पकड़ कर मुस्कुराते हुए) ऐसा मैंने नहीं, तुमने स्वयं कहा।"

"मैंने ऐसा कुछ नहीं कहा। तुम मुझे यूँ ही बहला-फुसला कर ईश्वर के मार्ग से भटकाते रहते हो। तुम पकड़ो अपने ये भ्रूण के चित्र, मेरे पास इससे कई जरूरी काम पड़े हैं"

देर रात तक डार्विन अलग-अलग अवशेषी अंगों की तुलना कर लिखते रहे। 'मानव का अवतरण' (Descent of man) का पहला अध्याय समाप्त कर जब बिस्तर पर लेटे तो अचानक खिलखिला कर हँस पड़े। पत्नी एम्मा ने पूछा कि क्यों हँस रहे हो।

उन्होंने कहा, "सोच रहा हूँ कि अख़बार वाले मेरी नयी किताब के बाद मेरा मखौल कैसा चित्र बना कर उड़ाएँगे!"

❋

वानर के शरीर पर डार्विन का सर। यह कार्टून मार्च 1871 में सबसे पहले 'द हॉर्नेट' पत्रिका में छपी। धीरे-धीरे अख़बारों में छपने लगी। गली-नुक्कड़ों में बिकने लगी। आश्चर्यजनक रूप से इस कार्टून ने उनका मखौल जितना बनाया,

   स्पीशीज वाला

उससे अधिक उन्हें लोकप्रिय बना दिया। उसी महीने उनकी पुस्तक 'मानव का अवतरण' (Descent of man) की साढ़े सात हज़ार प्रतियाँ बिक गयी।

डार्विन पूरी दुनिया में मशहूर हो रहे थे, और उनके सिद्धांत से लोग अपने-अपने तर्क बना रहे थे। कुछ नाराज़गी भी जता रहे थे। उनकी किताब पर एडिनबरा रिव्यू ने लिखा,

"इस पुस्तक ने समाज की संरचना और इसके संविधान को तोड़ कर रख दिया है"

यह शंका जतायी जाने लगी कि नस्लीय श्रेष्ठता औंधे मुँह गिर जाएगी, जब ऐसे सिद्धांत रचे जाएँगे कि सभी मनुष्यों के पूर्वज किसी वानर-समूह से थे। अमरीका में दास-प्रथा के विरोधी ख़ास कर इस पुस्तक को प्रचारित करने लगे ताकि नीग्रो और गोरे लोगों का भेद ही निराधार हो जाए।

उन्हीं दिनों डार्विन को डाक से एक किताब मिली।

"किन्ही कार्ल मार्क्स ने भेजा है। साथ में चिट्ठी लिखी है कि आपके बड़े प्रशंसक हैं", एम्मा डार्विन ने लिफ़ाफ़ा खोलते हुए कहा

"हाँ! उनका नाम तो अख़बारों में पढ़ा है। अर्थशास्त्र की कोई किताब होगी"

"दास कैपिटल शीर्षक है"

"ठीक है। ताक पर सजा कर रख दो। मुझसे कहाँ पढ़ी जाएगी?", डार्विन ने बिस्तर पर लेटे-लेटे ही कहा

जब डार्विन की मृत्यु के बाद उनके पुस्तकों का संग्रह किया गया, तो दास कैपिटल में लगी सील भी नहीं फाड़ी गयी थी। उनके जीवनीकार ने दर्ज़ किया कि यह किताब शायद उन्होंने कभी छुई भी नहीं। बहरहाल कार्ल मार्क्स को लिखा एक धन्यवाद-पत्र मौजूद है-

"प्रिय कार्ल मार्क्स महोदय!

काश मैं आपके इस राजनीतिक अर्थशास्त्र पर आधारित पुस्तक प्राप्त करने के लायक होता। अपनी बीमारी की वजह से मोटी किताबें पढ़ नहीं पाता, और अर्थशास्त्र समझने की क्षमता भी नहीं रही। हमारे कार्य-क्षेत्र भिन्न हैं किंतु मेरा

अंदाज़ा है कि हम दोनों मानव समाज में विषमता घटाने की ओर कार्य कर रहे हैं"

डार्विन बूढ़े होते जा रहे थे, और उनके पास चिट्ठियों की बौछार आने लगी थी। वह गाहे-बगाहे एक-दो वाक्य में जवाब भेजते जाते।

"डार्विन महोदय! एनी बेसेंट ने कहा है कि महिलाओं को गर्भ-निरोध करना चाहिए। आपका क्या विचार है?"

"अगर आप मेरी किताब पढ़ चुके हैं, तो आप उत्तर जानते हैं। किसी भी प्रजाति के संघर्ष में प्रजनन की बड़ी भूमिका है। मानव प्रजाति की भी। गर्भ-निरोध ऐसी प्राकृतिक प्रक्रिया और मानव-विकास में बाधा सिद्ध हो सकती है।"

"ईश्वर में आस्था के विषय में आप क्या सोचते हैं?"

"यह निजी निर्णय है और कुछ हद तक मानव समाज की आवश्यकता भी"

"क्या आप यीशु मसीह को ईश्वर का पुत्र और बाइबल को ईश्वर की वाणी मानते हैं?"

"मैं नहीं मानता। हालाँकि यह मेरा निजी निर्णय है।"

"क्या आप नास्तिक हैं?"

"मुझे मालूम नहीं मैं क्या हूँ। जैसे-जैसे मैं बूढ़ा हो रहा हूँ, मुझे लग रहा है कि मैं नास्तिक तो नहीं हूँ। अनीश्वरवादी कहा जा सकता हूँ।"

"क्या आपको लगता है कि अमरीका यूरोप से भी बड़ी महाशक्ति बन कर उभरेगी?"

"इसका उत्तर मैं कैसे दे सकता हूँ? हाँ! अगर प्रजातियों के आपसी संघर्ष का तर्क वैश्विक राजनीति पर लागू हो, तो अमरीका के नवाचार में एक भावी विजेता दिखता है"

"ब्रिटेन के प्रधानमंत्री विलियम ग्लैडस्टोन से आप क्या कहना चाहेंगे?"

"उनसे एक निजी मदद माँगना चाहूँगा। मेरे सह-लेखक अल्फ्रेड वालेस को सरकारी पेंशन मिल जाए तो आभारी रहूँगा"

(इस कथन के बाद ब्रिटिश सरकार ने वालेस को दो सौ पाउंड वार्षिक का पेंशन देने की मंजूरी दी)

"आपको कभी मृत्यु का भय होता है?"

"इसी भय ने तो अब तक जीवित रखा है"

19 अप्रिल 1882 को (संभवतः) हृदयाघात से डार्विन की मृत्यु हो गयी। उनकी ताबूत को कंधा देने वालों में अल्फ्रेड रसेल वालेस और जोसेफ़ हुकर थे।

कभी पादरियों के कोप का केंद्र बने डार्विन को लंदन के सबसे प्रतिष्ठित ईसाई क़ब्रगाह वेस्टमिंस्टर ऐबी में जगह मिली।

आइजक न्यूटन की क़ब्र से कुछ कदम पर।

उपसंहार

डार्विन सही थे या ग़लत? क्या विकासवाद एक तार्किक सिद्धांत है? क्या वाकई सभी प्रजातियों के पूर्वज एक रहे होंगे? क्या प्रजातियाँ किसी वृक्ष की शाखा की तरह विकसित होती गयी होगी? क्या मनुष्य के पूर्वज वानर-समूह से थे?

अब डार्विन की मृत्यु के डेढ़ सौ वर्ष बीत चुके हैं। आनुवंशिकी और जीवाश्म अध्ययन इतना विकसित हो चुका है कि लाखों वर्ष पुराने जीव का डीएनए चिट्ठा भी निकल आता है। इसलिए डार्विन को मानना या ख़ारिज करना वैज्ञानिक रूप से भी सहज हो सकता है। लेकिन सवाल है कि आखिर निष्कर्ष क्या रहा।

"क्या प्राकृतिक चयन से प्रजातियों में परिवर्तन हो सकता है? जैसा डार्विन का मानना था?"

"परिवर्तन तो होता ही है। लेकिन इसका विज्ञान डार्विन पूरी तरह नहीं जानते थे। वह डीएनए और उत्परिवर्तन (म्यूटेशन) जैसी चीजों से अपरिचित थे। आज हम जानते हैं कि डीएनए में तनिक भी बदलाव किस तरह एक प्रजाति के अंदर भी विविधता ला सकता है"

"क्या डीएनए के बिना ऐसा अनुमान लगाना मुश्किल नहीं रहा होगा? फिर भी उन्होंने अनुमान तो ठीक ही लगाया"

"हाँ! मोटे तौर पर ऐसा कहा जा सकता है कि अनुमान में मूलभूत दोष कम थे। लेकिन जब तक आप अपने अनुमान को सिद्ध नहीं कर देते, वह अनुमान ही कहा जाएगा, सिद्धांत नहीं"

"क्या यह सिद्धांत...मेरा मतलब है अनुमान... उचित था कि प्रजातियाँ कुछ गुणों को अपने वंशजों में हस्तांतरित करती है, कुछ चीजें छोड़ती जाती है"

"हाँ! एक प्रजाति के अंदर क्रमिक रुपांतरण होता है। यह प्राकृतिक परिवर्तन, अलग-अलग समूहों से संबंध, अथवा संयोगवश होता है"

"यह भी प्राकृतिक चयन कहा जा सकता है। लेकिन इस तरह क्या वह प्रजाति पूरी तरह एक नए प्रजाति में बदल सकती है?"

"ऐसा मात्र तभी संभव है जब किसी प्रजाति को अपनी ही प्रजाति के अन्य जीवों से लंबे समय तक अलग रखा जाए। यह सापेक्ष परिवर्तन होगा जिस आधार पर कभी एक रही प्रजाति दो अलग-अलग प्रजातियों कही जा सकती है। हालाँकि यह कहना कठिन है कि उनमें आनुवंशिक यानी डीएनए का अंतर कितना होगा, लेकिन बाह्य संरचना भिन्न हो सकती है"

"जैसे गालापागोस के कछुओं या चिड़िया के विषय में डार्विन ने लिखा? वे ऐसे द्वीप पर विकसित हो रहे थे, जहाँ अपनी प्रजाति से संपर्क नहीं था"

"अगर संपर्क नहीं था, तो वे वहाँ आए कैसे? यह तो डार्विन के अनुमान से भी संभव नहीं कि किसी छोटे से समुद्री द्वीप पर शून्य से जीवन शुरू हो जाए और इतनी विविधता भी आ जाए। आज हम जानते हैं कि इनमें से कई द्वीप एक बड़े भूखंड का हिस्सा थे। संपर्क कालांतर में ही टूटा"

"लेकिन उनमें कालांतर में नस्लीय परिवर्तन तो आया?"

"हाँ! जैसा मैंने कहा कि यह सापेक्ष परिवर्तन है। मुमकिन है उनमें बहुत कम परिवर्तन आया हो और उनकी ही प्रजाति के अन्य जीवों में अधिक"

"आपका मतलब है कि उनके अंदर कुल उत्परिवर्तन कम हुए क्योंकि जनसंख्या ही कम थी। जबकि बड़े भूखंडों पर इसकी संभावना अधिक थी"

"ऐसा कहा जा सकता है, लेकिन यह भी संभव है कि जो द्वीप ज्वालामुखी या अन्य प्राकृतिक कारण से बने, उनमें कुछ त्वरित बदलाव आया हो। जैसे अगर परमाणु बम फट पड़े तो प्रजातियों के डीएनए स्तर पर बदलाव आ सकते हैं"

"यह तो ख़ैर क्रमिक नहीं क्षणिक विकास कहा जाएगा"

"हाँ! यह सतत परिवर्तन तो नहीं ही है। संयोग मात्र है"

"ऐसा संभव है कि पृथ्वी के आरंभिक कालखंड में ऐसे कई संयोग हुए हों? प्रजातियाँ बनी हो, खत्म हुई हो, बदली हो?"

"यह तो ख़ैर हम जीवाश्मों के आधार पर जानते ही हैं कि आज से लाखों वर्ष या हज़ारों वर्ष पहले रही कई प्रजातियाँ अब नहीं हैं। वर्तमान समय के अधिकांश प्रजातियों का इतिहास अपेक्षाकृत छोटा है। वहीं गोब्लिन शार्क जैसे जीवों को जीवित जीवाश्म (living fossil) कहा जाता है जो लाखों वर्षों से कायम है"

"जो प्रजातियाँ खत्म हुईं, और जो बनीं, उनके बीच की कड़ी क्या है? क्या यह विकासवाद नहीं?"

"मैं यह मान रहा हूँ कि डार्विन के अनुमान में कुछ बातें उचित हो सकती है, किंतु यह सब इतना सरल नहीं है कि काग़ज़ पर एक वृक्ष बना दिया जाए और प्रजातियों को अलग-अलग शाखाओं पर डाल दिया जाए"

"क्या यह सत्य नहीं कि अधिकांश प्रजातियों की मूलभूत संरचना मसलन डीएनए एक ही तरह के रासायनिक अवयवों से बना है? जो हम A, T, G, C की लड़ी बनाते हैं, वह सभी में नहीं?"

"कुछ सूक्ष्म जीवों के अपवाद के साथ यह सत्य है कि रासायनिक संरचना एक जैसी है। लेकिन इस समानता से भी साझा पूर्वज सिद्ध नहीं होता। यह अलग-अलग जैविक बनावट भी हो सकती है"

"अगर कोशिका स्तर पर जाएँ, तो भी कई समानताएँ मिलेगी"

"ऐसे वर्गीकरण तो किए ही गए हैं। उस तरह वृक्ष और शाखाएँ बनायी जा सकती है। पौधों की अलग। पशुओं की अलग। एक जैसी संरचना वाले जीवों की अलग-अलग। लेकिन इससे यह सिद्ध नहीं होता कि एक जीव का विकास दूसरे जीव से हुआ"

"अगर सीधे-सीधे पूछूँ कि मनुष्य और चिंपांजी या ओरांगुटान के डीएनए में कितना अंतर है?"

"इनमें 95 से 98 प्रतिशत तक की समानता मिली है। लेकिन इससे यह सिद्ध नहीं हो जाता कि वे मनुष्य के पूर्वज थे। आप यह सोचिए कि इतनी समानता के बावजूद भी वे मानव से कितने भिन्न और बौद्धिक रूप से कितने पीछे हैं!"

"इसका अर्थ है कि डीएनए या उत्परिवर्तन ही अंतिम उत्तर नहीं। प्रजातियों का संघर्ष इससे कहीं आगे की चीज है, जिसमें मानव प्रजाति ने एक स्तर तक सफलता पायी।"

"हाँ! इसका अर्थ यह भी है कि मानव का संघर्ष चिंपांजी या ओरांगुटान से कभी था ही नहीं, बल्कि यह संघर्ष अपनी ही प्रजाति से था"

यह कहना कि डार्विन के समय आनुवंशिकी का किसी को ज्ञान नहीं था, यह पूरी तरह सही नहीं है। बल्कि जिस समय डार्विन विकासवाद पर कार्य कर रहे थे, उसी दौरान ऑस्ट्रिया के एक पादरी ग्रेगर मेंडल अपने बगीचे में मटर पर प्रयोग कर रहे थे। उन्होंने यह प्रायोगिक रूप से सिद्ध किया कि किस तरह कुछ गुण अगली पीढ़ी को हस्तान्तरित होते हैं, कुछ नहीं होते या कम होते हैं। उन्हें आनुवंशिकी का पितामह कहा जाता है। जहाँ मेंडल के लेखन में डार्विन का विवरण मिलता है, डार्विन के लेखन में मेंडल का विवरण नहीं मिलता। उन दोनों के मध्य कोई पत्राचार भी नहीं दिखता।

अगर वे दोनों मिलते तो शायद एक दूसरे का अभिवादन करते हुए कहते- "आपने तो मेरे दिल की बात कह दी"। दोनों को मिलने से ऐसे कई गाँठें खुल जाती, जो बाद में खुल ही गयी।

"आज हम विकासवाद और आनुवंशिकी में बहुत आगे की समझ रखते हैं। क्या ऐसा कहा जा सकता है कि आज के वैज्ञानिकों के बनिस्बत डार्विन को मात्र एक प्रतिशत ज्ञान था?"

"ऐसा कहा जा सकता है किंतु वह एक प्रतिशत ऐसा ज्ञान था जिसके आधार पर हमारे पास बाकी का निन्यानवे प्रतिशत ज्ञान है"

"क्या मतलब? अगर डार्विन न होते तो क्या आनुवंशिकी नहीं होती?"

"ऐसा नहीं है। लेकिन डार्विन या मेंडल ने एक दिशा दिखायी, जिस दिशा में बढ़ कर हम यहाँ तक पहुँचे हैं"

"हाँ! जैसे उनका यह कहना कि मानव के पूर्वज अफ्रीका में हो सकते हैं,

यह बात अब जीवाश्मों और आनुवंशिकी के माध्यम से सिद्ध होती दिख रही है। लेकिन, उन्होंने ऐसे कयास किस आधार पर लगाये? वह तो कभी अफ्रीका लगभग गए भी नहीं"

"डार्विन ने शारीरिक संरचना के आधार पर अनुमान लगाए थे। उन्हें भी यह नहीं मालूम था कि यह अनुमान सत्य होगा"

"उन्होंने ऐसे भी अनुमान लगाए थे कि पक्षियों के पूर्वज कभी जमीन पर विचरण कर रहे होंगे? आज हम डायनासोर से पक्षियों के विकास की कड़ियाँ देखते हैं। व्हेल मछली के कभी जमीन पर रेंगने के प्रमाण देखते हैं"

"हाँ! वही कह रहा हूँ कि उनकी दिशा काफ़ी हद तक ठीक थी। आगे बढ़ने के रास्ते में उन दिनों धुँध था, मुश्किलें थीं। वह अकेले वह सब नहीं कर सकते थे, जो आज की आधुनिक प्रयोगशालाओं में संभव है"

"आप कह रहे थे कि प्रजातियों का शाखाओं में बदलना संभव नहीं। फिर डायनासोर से चिड़िया कैसे बन गयी?"

"यह प्रश्न पेचीदा है। हम पृथ्वी के अलग-अलग कालखंडों की बात कर रहे हैं। जिस समय के डायनासोर जीवाश्म मिलते हैं, उस समय वर्तमान चिड़िया प्रजातियों के जीवाश्म नहीं मिलते। यानी उस कालखंड में ऐसे परिवर्तन की संभावना कम है। उस समय उड़ते हुए सरीसृपों की भिन्न प्रजाति थी।"

"मैं समझा नहीं। आखिर किसी प्रजाति के रूपांतरण से तो चिड़िया बनी होगी? ऐसे रूपांतरण आज क्यों नहीं दिखते?"

"देखिए! आज तो न डायनासोर दिखते हैं, न उस काल की आरंभिक चिड़िया आर्कपटेरिक्स दिखती है। हमें इन दो जैविक कालखंडों के मध्य खड़े होकर ही वे कड़ियाँ दिखेंगी। जीवाश्म रूप और आनुवंशिक रूप दोनों में। ऐसी अनगिनत कड़ियाँ मिलती जा रही हैं।"

"इसका अर्थ है कि विकासवाद सत्य है? फिर प्रजातियों की शाखा बनने से आपत्ति क्यों?"

"यह रूपांतरण या उत्परिवर्तन (म्यूटेशन) एक स्वाभाविक नहीं बल्कि

संयोगवश प्रक्रिया है। वह भी एक प्रजाति के बहुत छोटे समूह की। इसलिए इसे क्रमिक विकास कहना उचित नहीं होगा। ऐसा नहीं कि हर प्रजाति बदल कर दूसरा रूप ले लेगी, और वह दूसरी प्रजाति तीसरी।"

"किंतु एक प्रजाति में तो बदलाव क्रमिक रूप से आता ही है। मानव के पूर्वज वर्तमान मानवों से भिन्न थे।"

"हाँ! यह उचित है। किंतु मानव के पूर्वज मूल रूप से मानव समूह से ही थे। वे वानर या चिंपांजी नहीं थे। न ही भविष्य के मानव किसी दूसरी प्रजाति के हो जाएँगे।"

"ऐसा तो डार्विन ने भी नहीं कहा कि वे वानर थे। उन्होंने साझा पूर्वज का अनुमान ही कहा है। जैसे आपने चिड़ियों के साझा पूर्वज के विषय में कहा। आप यह तो मानेंगे कि जब डायनासोर थे, तब मानव या वानर के कोई समूह पृथ्वी पर नहीं थे। फिर ये कहाँ से आए?"

"यह उचित प्रश्न है। साझा पूर्वज की बात आनुवंशिकी से भी प्रमाणित है। लेकिन आनुवंशिकी इसे किसी एक प्रजाति के बजाय एक जैविक मूल की तरह देखती है।"

"हाँ! आखिरी साझा पूर्वज (Last Universal Common ancestor) शब्द किसी जीव विशेष के लिए प्रयोग में नहीं है"

"बिल्कुल! अब हम यह जानते हैं कि जैविक हस्तांतरण ऊपर से नीचे या पीढ़ी-दर-पीढ़ी ही नहीं, बल्कि समानांतर यानी एक ही काल के दो जीवों के मध्य भी होता रहा है।"

"यह बात पूरी तरह समझ नहीं आयी। आपका डीएनए या जीन मेरे पास कैसे आ जाएगा? यह तो माता या पिता से ही आएगा?"

"हा हा! यह तो सही है कि हाथ मिला कर जीन हस्तांतरित नहीं होते। लेकिन आपके शरीर के अंदर जीवाणु ऐसा कर पाते हैं।"

"अच्छा हाँ! तभी एंटीबायोटिक उन पर काम करना बंद कर देती है। आपका मतलब है कि ऐसे कई सूक्ष्म बदलाव प्रजातियों में आज भी हो रहे हैं। लेकिन

क्या हमारा डीएनए हमारे जीते जी बदल सकता है? हम एक नयी प्रजाति में बदल सकते हैं?"

"पहले प्रश्न का उत्तर फौरी तौर पर हाँ है। दूसरे प्रश्न का उत्तर फिलहाल नहीं है। अब यह न पूछिएगा कि मैं ऐसा क्यों कह रहा हूँ।"

"ठीक है। नहीं पूछूँगा। हालाँकि आपकी बातों से लगता है आज के वैज्ञानिक डार्विन और मेंडल से कई सीढ़ियाँ ऊपर चढ़ चुके हैं...।"